大学4年間の金融学が10時間でざっと学べる

JN099822

角川文庫
22043

著田咲良

# はじめに

　本書は、私が東京大学経済学部と大学院経済学研究科で約30年間教えてきた金融を中心とする諸分野の内容を、初学者向けに解説したものです。

　本書の1つの特徴は、金融を幅広くとらえた点にあります。銀行はどういう役割を果たしているのか、なぜ倒産したりするのか、シャドーバンクとは何かなどのテーマを第一とし、第二に、日本銀行などが最近実施しているいわゆる非伝統的金融政策と呼ばれる種類の政策運営を含めて、金融政策、その国際金融への応用についても解説しています。さらに第三として、やや技術的になりますが、いわゆるファイナンスの分野、債券や株式価格の決定、デリバティブの利用の仕方についても紙幅を割いています。

　読者の皆さんが興味をお持ちの分野を中心に目を通していただくこともできますが、これら金融の3分野を総合的に理解することで、それぞれの分野の理解も一段と深まることは間違いないと思われます。

　東大経済学部で重視されている授業にゼミがありますが、私のゼミでは学生が3年、4年と在籍する2年間になるべくこの3分野を一通りは学習できるように教材やテーマを選ぶことにしていました。

　本書の別の特徴は、学問的な見地から書かれているものの、実務的な観点も随所に加えた点です。私は、1998年から2005年まで日本銀行政策委員会審議委員として、日本経済がデフレに突入する中での金融政策運営を経験しました。その後、年金積立金管理運用独立行政法人（GPIF）の運用委員会委員長や日本政策投資銀行の社外取締役などを務めて、資金運用や銀行経営の実務に触れました。

　金融に関する学問的な知見は実務において大変役に立ちます。しかし、既存の学問だけで実務的な課題すべてに立ち向かうことはできません。金融に関する経済学で解明できていないことも多くあります。例えば、マネーを増やせばインフレになるとほとんどの教科書に書いてありますが、現実はなかなかその通りになっていません。こうした学問と実務の緊張関係を、本書を通じて感じとっていただければ幸いです。

　1つ老婆心ながらの注意です。金融に関する学問はお金儲けのための道具ではありません。むしろ、人々がお金儲けに一生懸命努力すると、株価や為替レート、そして経済全体がどう動くかを知るための学問です。しかし、こうした大きな視点がお金儲けを含めた実務にやはり役に立つと思われます。現実の問題に直面したときに、本書の内容のどこが関連ありそうか、そのまま使っていいのか、多少修正してから使うべきかについて、ゆっくり考える余裕を持っていただければと思います。

　紙数の制限からすべての事項を最初から説明するというわけにはいきませんでした。しかし、高校卒業程度までの知識があれば大体読みこなせるはずです。マイナス金利、ボルカー・ルール、フィンテックなど最新の話題にまで踏み込んでご案内します。ぜひ本書で金融の諸現象に立ち向かってください。

　東京大学名誉教授

　　　　　　　　　　　　　　　　　　　　　　　植田和男

# 第2部
# ファイナンス入門

# 第3部
# 金融論応用

装丁／二ノ宮匡(ニクスインク)

図版作成／ISSHIKI

▶00 | 金融の３つの役割と本書

## 金融は私たちの生活とどう関わる？

　ロビンソン・クルーソーの話を皆さんご存知でしょう。無人島に流れ着いた彼はいろいろ工夫して１人で生きていきます。そんな彼にはお金は必要ありません。何の価値もないからです。

　現代の経済では多少のお金を持っていないと必要なモノを買えません。例えば豆腐屋さんは豆腐と油揚げのような大豆製品を作り、これを売ってお金に替え、電気・ガス・水などを他の企業から買います。つまり分業してモノ・サービスを生産し、その後、交換するのです。このほうが、それぞれの専門性を活かすことができ、生産性が上がるからです。今日のモノ・サービスの交換を、お金で円滑にして経済を支える。金融の第一の役割です。

　第二に、現在、土地しかない農家に種もみを貸してあげ、将来増えたお米を返してもらうという交換も考えられます。いわば今日のモノと明日のモノとの交換です。これも通常はお金の貸し借りという形で実行され、金融が関わります。

　第三に、お金が余っている人が直接農家に貸すのではなく、銀行に預金して、それを銀行が農家に貸すやり方もよく見られます。この場合、農家への貸出という天候などのリスクに晒される資金拠出が、預金という（通常は）安全な方法に振り替わっています。いわば将来のモノ（に対する請求権）同士が交換されたことになります。これも金融の仕事です。

　以上のような、モノ・サービスの交換をサポートする金融の役割がどのようにして可能になるのか、それを見ていくのが本書の目的です。人体における血流と同じで、金融は、それがうまくいっている間は概して意識されないものです。しかし、機能障害（例えば、金融危機）が発生すると、人体（経済）は動かなくなります。本書ではその原因も解説します。

　第1部は、以上の3つの金融の機能をより詳しく説明しつつ、そのすべてに関わるコアな業態（金融仲介機関）である銀行について、その機能と脆弱性を説明します。第1部の内容は金融の基礎中の基礎ですが、他の書物と比べて立体的な整理になっているかと思います。ぜひ、身に付けてください。

　金融の第二、第三の役割を通じて登場するのが、様々なリスクの異なる金融資産です。本書第2部では、標準的なケースにおいて、これらにどのような価格が付くか、また、こうした金融商品を、資産運用、企業経営などでどのように利用すべきかを説明しています。

　第3部は、金融機能が円滑に発揮されるためのインフラとしての政策を中心に解説しています。モノ・サービスの交換を媒介する貨幣価値安定のための金融政策が1つです。また、資金の貸借やリスク変換を行う金融システムを安定的に保つためのプルーデンス政策がもう1つの柱です。両者には密接な関係があります。

　本書には内容がやや技術的、あるいは応用的な色彩が濃い節も含まれています。仮に難しいと感じたら、目次に「ココだけ！」という印の付いた章を先に読み、全体の流れをつかんでいくことをお勧めします。

# 第 **1** 部

# 金融入門

## 【第1部で知っておきたい金融用語】

### ▼インフレーション

多くのモノやサービスの価格が継続的に上昇する現象。逆に、下落する現象をデフレーションという。平均の価格水準の上昇率がインフレ率

### ▼赤字（黒字）主体

お金を借りる（貸す）家計や企業のこと。所得から消費を控除した貯蓄が、機械や住宅の購入費を下回った（上回った）部分を借り入れる（貸し付ける）

### ▼利子率

お金を借りたときに元本に加えて返済しなければいけない、金額の元本に対する比率

### ▼リスク

お金を運用した結果（大まかには利子率、正確には利回り）が前もって正確には予想できないこと。あるいは予想できない程度

### ▼リスク変換

ある性質のリスク（リスクが高い、低い、あるいはどのようなときにリスクがあるか）を持った運用を、別の性質のリスク運用に変換すること

## ▼レバレッジ

資金運用額が自己資金の何倍になっているかを示す比率。自己資金を上回る部分は借入で賄われている。レバレッジが高いほど、資金運用のリスクが高くなる

## ▼リスク分散

異なった性質のリスクを持った運用を組み合わせることで、平均的なリスクを減少させること

## ▼銀行の脆弱性

いつでも引き出し可能な預金で受け入れた資金を、すぐには現金化が困難な貸出などで運用しているため、大量の預金引き出し請求に応じられる資金が十分にないこと

## ▼システミック・リスク

少数の金融機関の経営破たんが、金融システム全体の機能不全に広がるリスク

## ▶01 物々交換の不便と貨幣

### どうして貨幣は生まれたのか？

　3人の人が、それぞれモノを持っています。右図を見てください。Aさんは1を持っているのですが、これを3に替えたいといっています。しかし、3を持っているCさんは2を欲しがっているようです。次に、BさんはCさんが欲しがっている2を持っていますが、1を欲しがっています。

　このままでは**（物々）交換**は進みません。ですが、もしも3人が貨幣（例えば日銀券）を少しずつ持っていて、それで自分の欲しいものを買い、また違う相手が欲しがっているものを売って貨幣を手に入れるということになれば、必要な交換がスムーズに進むことは容易にわかるでしょう。3人の間を貨幣がぐるぐる回ることによって、物の交換が促進されるのです。

　貨幣が以上の役割を果たすためには、自分だけでなく他の人もまた貨幣を信頼していて、ものと交換に受け取ってくれるという安心感を皆が持っていることがきわめて重要です。

　一般に、金融は、その円滑な機能のために、貨幣や取引相手、金融機関、金融商品などに対する信頼、あるいはシステム全体が信認されていることがきわめて大事です。その理由は、自分の行動の結果が他人の行動パターンによって大きく左右される（ということを自分が知っている）からです。

## 30秒でわかる！ ポイント

### 需要と供給が一致しない状況

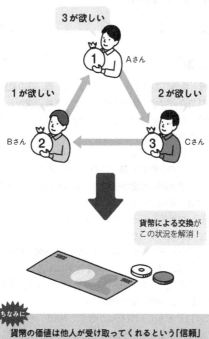

貨幣による交換がこの状況を解消！

**ちなみに**

貨幣の価値は他人が受け取ってくれるという「信頼」に基づいたものです。信頼は崩れやすいもの。信頼に基礎をおく金融（インフラ）の脆弱性の原因がここにあります。

1 現在財同士の交換と貨幣

▶ 02 | 様々な貨幣

## 貨幣の変遷

歴史上、様々な形態の貨幣が現れました。**金、銀、銅の金属や塩、牛、干し魚、タバコ**などです。変わり種は、ヤップ島の置かれたままで所有権のみが移った**石**。貨幣にとって信頼が大事、あるいは美人投票的側面があるといういい例です。

一定の純度を持つ金属からできているということを国が保証（ここでも信頼！）したのが**鋳造貨幣**で、紀元前670年頃のアナトリア半島に現れた**リディア王国の砂金からなるエレクトロン**が最初だといわれています。**金貨**を正式の貨幣と認め、場合によってはさらに金貨との兌換を約束しつつ紙幣も流通させると金本位制になります。

貨幣としての意味がまったく異なる制度は、貴金属との兌換を約束せずに国が紙幣を流通させた場合（**法定の不換紙幣**）です。こうなると信頼のベースは、誰が「美人」（何を貨幣にする）かを国が決めていて、国に対する信認があるからという話になります。現在ではほとんどの国の紙幣はこの意味での貨幣です。

歴史的には11世紀から13世紀にかけて、中国の宋、ないし元の時代に初めて兌換性のない紙幣が流通したといわれています。そもそも当初は金属貨幣との兌換を認めていたのですが、戦費などで財政が苦しくなり、不換紙幣となったようです。結果は深刻なインフレーションでした。

30秒でわかる! ポイント

## 多岐にわたる貨幣の形態

| 金属貨幣 | 物による貨幣 |
|---|---|
| 金 | 塩　牛 |
| 銀　銅 | 干し魚　タバコ |

珍しい貨幣

石貨

鋳造貨幣

金貨

法定貨幣

紙幣

第2次世界大戦が終結してしばらくの間、間接的な金本位制が敷かれていましたが、1971年に米国が金兌換を停止した結果、完全に不換紙幣の世界へと移行します。(16章03節参照)

1 現在財同士の交換と貨幣

▶03 | インフレーションの
　　　引き起こす問題

## 市場経済の根幹に影響が!

　金融制度の根幹である貨幣に対する信頼を失わせる最大の要因は**イ
ンフレーション**です。インフレーションは1つひとつのモノの値段が
上がることではなくて、多くのモノ・サービスの価格、賃金などがお
しなべて上昇する現象を指します。

　現代の貨幣である紙幣には利子が付かないので、1万円はいつまで
も1万円のままです。すると、モノの値段が2倍になってしまえば、
貨幣の実質価値は半分となり、貨幣への信頼が低下して市場経済の根
幹である交換に支障をきたすようになります。

　現代国家では、法定通貨は主に中央銀行が発行しています。ほとん
どの中央銀行の一番の仕事は貨幣価値を安定的に保つこととされてい
ます。すなわち、インフレを起こさないことです。しかし、歴史的に
は前節の中国の話のように、戦費調達（インフレにつながりやすい行
動）などのために、（インフレに弱い）紙幣が発行され始めた事象を
考えると、なかなか根の深い矛盾のようなものがあることがわかりま
す。

　また、以上の説明からわかるように、物価が下落していくデフレー
ションの引き起こす問題は、インフレーションのそれとは大きく異な
っています。物価が下落すれば貨幣価値は上昇するからです。イン
フレ、デフレと貨幣の関係については、13、14、16章で詳述します。

30秒でわかる! ポイント

## インフレは貨幣価値を下げる

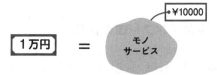

| 1万円 | = | モノ サービス | •¥10000 |

**インフレ 発生**

| 1万円 | = | モノ サー ビス | •¥20000 |

インフレは貨幣への信頼を低下させ、交換経済の根本を危うくします。

1 現在財同士の交換と貨幣

## ▶04 | 貨幣同士の競争

### 嫌われる高インフレ国の貨幣

　貨幣の利用が信頼に根ざしているとしたら、複数の貨幣が競争してより信頼されたほうが広く流通していくという可能性が頭に浮かびます。例えば、信頼の1つの根拠が物価の安定にあるとすれば、高率のインフレーションを発生させている国の通貨は衰退していくはずです。経済学者**フリードリッヒ・フォン・ハイエク**は、国というよりは民間の銀行に勝手に通貨を発行させ、その中の良いものが勝ち残っていくという「**貨幣発行自由化論**」を唱えました。

　中南米諸国では、戦後に限っても何度も高率のインフレが発生した結果、国内経済取引でも自国通貨だけでなく米ドルが広く使われています。1990年代のアルゼンチンも、インフレを抑えるため自国通貨を米ドルに1対1で固定する「**米ドル本位制（currency board）**」を採用しました。しかし結局うまくいきませんでした。

　常に良い貨幣が利用されるというわけではなく、額面が同じで金や銀の含有率が異なる鋳造貨幣が複数あると、含有率の低い貨幣（悪貨）が使われ、良貨は退蔵されてしまうという現象も起きます（**グレシャムの法則**）。最近では電子マネーが広く普及し、紙幣利用の節約につながっていますが、そのほとんどは既存の銀行預金ネットワークを利用しています。つまりは中央銀行に依存しているのです（20章参照）。

## 30秒でわかる! ポイント

### 様変わりする貨幣の形態

各国の通貨

電子マネー

ビットコイン

→ フリードリッヒ・フォン・ハイエク (1899－1992)

オーストリア出身の経済学者、哲学者。自由主義の発展
に大きく寄与した。1974年、ノーベル経済学賞受賞。
オーストリア学派を代表する1人として知られる。

# ▶05 貨幣の中の貨幣：基軸通貨

## 圧倒的な存在感を見せつける米ドル

現在では多くの国が独自の貨幣（この場合通貨とも呼ばれる）を発行しています。一方で様々な経済取引は国境を越えて行われます。当然、1つの国の通貨と別の国の通貨を交換することが必要になります。これに応える市場が**外国為替市場**です。米ドルと円、ポンドとユーロなどが交換されます。

通貨がたくさんあると、本章01節で物々交換について指摘したのと同じような問題が発生します。円を持っている人がポンドを欲する一方、ポンドを持っている人はユーロを欲しがり、ユーロを持っている人はメキシコペソを欲しがっているなどです。こんなとき、物々交換に代わる貨幣による交換と同じように、皆が受け入れる「**貨幣の中の貨幣**」があると話は楽です。現状では**米ドル**がその役目を果たしています。信頼感がある米ドルと各国通貨の市場はできやすくなります。そうすれば、米ドルを除いたペアの市場がなくても、米ドルを介することによって、すべての通貨間の取引が実行可能になります。この米ドルのような通貨を**基軸通貨**といいます。

右グラフを見てください。世界中の為替取引に占める様々な通貨ペア取引の順位を示しています。なんと、8位まで取引の相手通貨はすべて米ドルです。特に銀行同士のような大口の取引でこの傾向が強いことがわかっています。

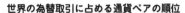

30秒でわかる! ポイント

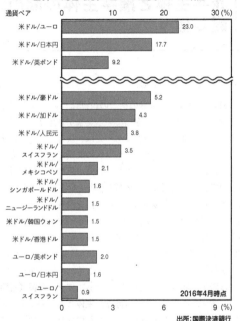

### 世界の為替取引に占める通貨ペアの順位

| 通貨ペア | (%) |
|---|---|
| 米ドル/ユーロ | 23.0 |
| 米ドル/日本円 | 17.7 |
| 米ドル/英ポンド | 9.2 |
| 米ドル/豪ドル | 5.2 |
| 米ドル/加ドル | 4.3 |
| 米ドル/人民元 | 3.8 |
| 米ドル/スイスフラン | 3.5 |
| 米ドル/メキシコペソ | 2.1 |
| 米ドル/シンガポールドル | 1.6 |
| 米ドル/ニュージーランドドル | 1.5 |
| 米ドル/韓国ウォン | 1.5 |
| 米ドル/香港ドル | 1.5 |
| ユーロ/英ポンド | 2.0 |
| ユーロ/日本円 | 1.6 |
| ユーロ/スイスフラン | 0.9 |

2016年4月時点

出所:国際決済銀行

基軸通貨は誰が選ぶわけでもなく、自然発生的に決まります。第2次大戦前くらいまではイギリス・ポンドが基軸通貨でした。その後の経済力・政治力の変化で徐々に米ドルにその地位を譲ったのです。

2 現在財と将来財の交換

## ▶01 | 赤字主体と黒字主体の間の 貸し借り

### 金融の基礎中の基礎

　本書の冒頭で指摘した金融の第二の役割について説明していきましょう。例えば今年種もみが余っている農家が、足りない農家に融通し、来年（利子を付けて）返してもらえば、双方にプラスが発生します。この取引は現在のコメと将来のコメの交換であることもわかります。現実には、借り手も貸し手もコメ以外の多様なものに対するニーズがあるので、この取引はお金の貸し借りとして実行されます。

　人は毎年何らかの所得を稼ぎ、その一部を消費し、残りを貯蓄します（銀行預金でいうと、残高ではなく、その年の残高の増分）。所得がない人が消費をすると、マイナスの貯蓄になります。さらに、この人は住宅を買ったり、事業をしていれば機械を買ったりするでしょう。これが投資です（株や投資信託ではなく、実物資産を買うこと）。

　貯蓄が投資を上回って（下回って）いる主体を、**貯蓄（投資）超過主体**といいます。あるいは**黒字（赤字）主体**ともいいます（再び用語の注意ですが、ここでの黒字・赤字は利益のプラス・マイナスではありません）。

　お金は、黒字主体から赤字主体に向かって移転されます。これにより赤字主体は投資をし、黒字主体は余ったお金を運用するという流れができるのです。

30秒でわかる！ ポイント

## 貸し借りのサイクル

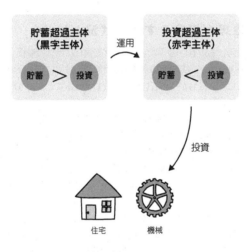

お金は「黒字主体」から「赤字主体」に向かって移転されます（運用）。これにより、赤字主体は投資することができるのです。

② 現在財と将来財の交換

# ▶02 貸し借りの重要性

## 国や地域が借金をすべき状況とは？

発展段階にある若い国（エマージング諸国）には、投資機会がふんだんにあります。一方で所得水準がまだ低く、貯蓄は不十分です。先進国は逆です。後者から前者に資金を貸し付けることができれば、双方にプラスが発生します。

イギリスは18〜19世紀初めにかけてヨーロッパ大陸から資金を借り入れて産業革命にあてました。その後、19世紀末には逆に海外に資金を貸し付ける国に転じます。アメリカも当初、ヨーロッパから資金を借り入れて国内の鉄道などを整備しつつ発展しました。

第2次大戦後、国際的な資金の貸し借りに対する規制もあり、発展途上国には資金が流れませんでしたが、1980年代から資金が流れ、1990年代以降の途上国の経済成長の大きな要因となりました。

より短期的に、地震などの災害に見舞われて一時的に生産活動がストップし、所得が大きく低下した地域や国を考えてみましょう。所得の低下で貯蓄も低下します。災害復旧のための投資も必要でしょう。この地域は大きく投資超過に動きそうです。誰かがお金を貸してくれればうまくいきます。そうでなければ、投資超過にはならないので、復旧工事をあきらめるか、消費を大幅に切り詰めて自ら貯蓄を捻出せざるを得ません。そうするよりも**借金をして、必要な経済活動を維持し、将来少しずつ返済していくべき**なのです。

## 借金による経済活動の維持

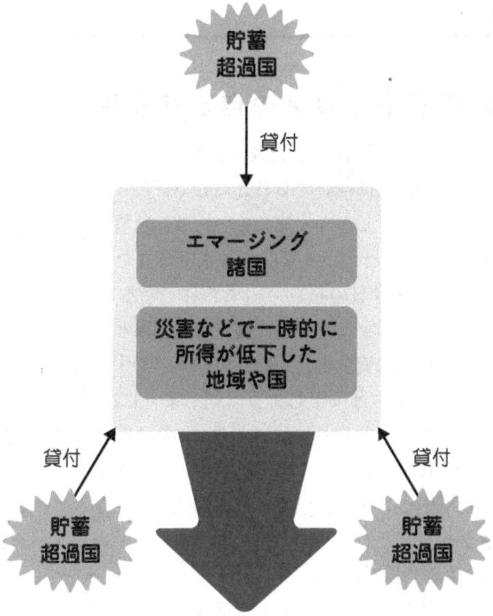

貯蓄
超過国

↓ 貸付

エマージング
諸国

災害などで一時的に
所得が低下した
地域や国

貸付 ↗　　　　　　　↖ 貸付

貯蓄
超過国　　　　　　　貯蓄
　　　　　　　　　　超過国

借金をすることによって経済活動の向上や維持、
そして返済も可能になります。

2 現在財と将来財の交換

## ▶03 貸し借りと利子率

### お金の利子率とコメの自己利子率

黒字主体から赤字主体への資金の移転には様々な方法があります。それらについては後に検討することにして、とりあえず最も簡単な貸付を取り上げてみましょう。難しくいえば、負債契約です。そのポイントは100万円を今日から１年間の約束で借りたときに、１年後にいくら返済するかが今日の時点で約束されていることです。100×（１年後の返済額−100）／100をこの**貸付の利子率**といいます。

いま定義したのは資金の貸し借りの利子率です。先に出てきたコメの貸し借りだったらどうでしょう。同じように、100×（１年後に返済するコメの量−今日借りるコメの量）／今日借りるコメの量が利子率ですが、これを特にコメの**自己利子率**といいます。

お金の利子率とコメの自己利子率の関係はどうなっているでしょうか。後者が５％だとします。今日、お金を持っている人がそれをコメ100単位に替えて貸し出すと、１年後に105単位コメを受け取れます。これをお金に替えたら利率は何％で回るでしょうか。１年間でコメの値段が３％上がったとします。すると、お金の次元では８％で回ったことがわかります。

この人は直接お金で貸してもいいとすると、お金で貸せば８％で回らないとつり合いが取れません。ですので、**お金の利子率＝コメの自己利子率＋コメの値上がり率**です。

30秒でわかる! ポイント

## 名目利子率、実質利子率

①貸付の利子率＝
　100×（1年後の返済額－100）／100

②コメの自己利子率＝
　100×（1年後に返済するコメの量
　　－今日借りるコメの量）／今日借りるコメの量

③お金の利子率（名目利子率）＝
　コメの自己利子率＋コメの値上がり率

④（より一般に）名目利子率＝
　実質利子率＋財・サービス一般の値上がり率
　（自己利子率）　　　（予想＜期待＞インフレ率）

お金の利子率のことを名目利子率ともいいます。
③と④の式で示されているように、名目利子率＝
実質利子率＋予想（期待）インフレ率となります。

2 現在財と将来財の交換

▶04 自然利子率

## 生産性と時間選好率が高いと利子率が上昇

利子率は黒字主体の貯蓄超過を、赤字主体の投資超過とマッチさせるように決まります。ですので、貯蓄と投資の決定要因を考えれば、利子率の決まり方もわかります。

コメの貸し借りの例に戻りましょう。農業技術が進歩すると、種もみからたくさんの収穫が得られます。（赤字）農家は、よりたくさんコメを借りようとします。つまり、**生産性**（あるいは一般的な企業と考えれば期待される利潤率）が高いほど投資が増えます。

一方で、コメがたくさんある農家は、貸し出さずに今日食べてしまってもいいわけです。貸し出すということは今日食べる量を減らして1年後にたくさん食べようということです。将来の消費よりも今日の消費をどれくらい好むかという程度を、難しい言葉ですが、**時間選好率**といいます。これが高いほど貯蓄は減ります。

結局、生産性（期待利潤率）が高いほど、または時間選好率が高いほど投資超過になりやすく、**利子率は上昇**することになります。このように決まる利子率の水準を**自然利子率**といいます。

利子率の（逆数）は、将来財の現在財に対する相対価格です。現在、財の消費を1単位我慢すれば、将来（1＋利子率）だけ財を手に入れることができます。つまり、**利子率が高いと将来財は相対的に安い**のです。

## 30秒でわかる！ ポイント

### 現在財と将来財の関係

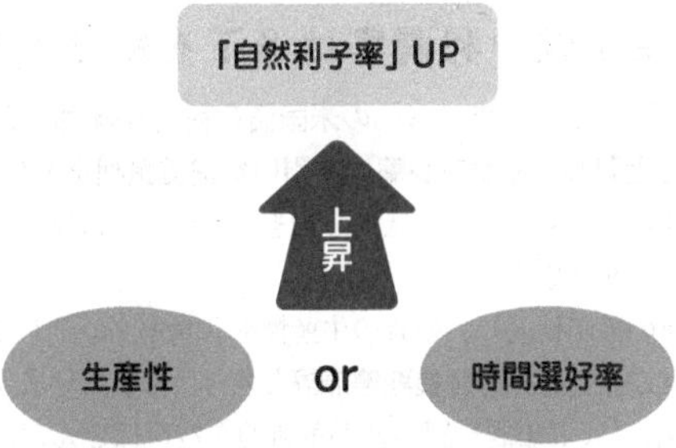
「自然利子率」UP
上昇
生産性
or
時間選好率

上図で示したのは、実質利子率でもあります。名目利子率はこれにインフレ率をのせて決まることになります。短期的には実質利子率は別の様々な要因で上下します。景気の状態で所得が上下して貯蓄に影響を与えます。あるいは、後で論じる金融政策動向が金利に強い影響を与えます。ですので、自然利子率は、長期的に実質利子率が収斂(しゅうれん)していく先だと考えるのが一般的です。

②現在財と将来財の交換

## ▶05 | 長期停滞論

### 投資の生産性や利潤率は低下を続けるのか？

　右グラフは、ここ20年くらいの米国債金利（10年物）から消費者物価指数の上昇率（インフレ率）を引いた実質金利を示しています。上下動を伴いつつも長期的に低下してきて、最近ではほぼゼロ近辺にあることがわかります。

　技術革新の種が枯渇し、投資の生産性や利潤率が低下しているのかもしれません。この見方は長期停滞論と名付けられています。

　しかしAI（人工知能）周辺とか革新的な技術はどんどん出てきているようにも思えます。ひょっとしたら、ほんのちょっとの種もみから大量の収穫が期待できるようになったので、種もみに対する需要（投資）はかえって低下してしまったのかもしれません。

　あるいはリーマンショック以降の金融危機の傷跡がまだ残っているのかもしれません。あそこで損をした人たちがまだお金を使う気になれないということかもしれませんし、その頃から採用されている強力な金融緩和政策が低金利の主因かもしれません。

　貯蓄が増えているのでしょうか。中国をはじめとする新興国の成長が世界的に貯蓄超過を拡大しているという説もあります。分配が不平等になり、貯蓄をたくさんしがちなお金持ちの所得が増えているからだという説もあります。いずれにせよ、利子率の長期的な低下傾向の原因は現在の世界経済の金融をめぐる話題の中では最も重要なものの1つです。

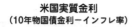

## 30秒でわかる！ ポイント

### 米国実質金利
（10年物国債金利－インフレ率）

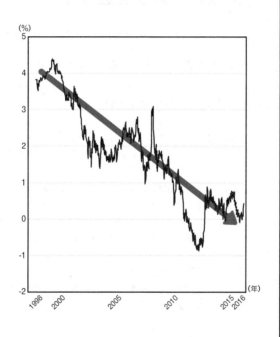

ゼロ付近まで下がり続けてきた実質金利。

# ▶01 金融はリスクを変換する

## リスクをとる能力にはばらつきがある

資産運用の結果が十分に予見できないことを金融では**リスク**といい、特に事業に伴うリスクは「**事業リスク**」と呼ばれます。

拠出した資金が増えるか減るか不確実なのを承知で資金を出すことを「**リスクをとる**」といいます。結果の不確実性が高いほど、大きなリスクです。世の中には大きなリスクをとれる人と、そうではなくてなるべくリスクは小さくしたい人がいます。

このようにリスクをとる能力にばらつきがあるならば、リスクをとれる人には大きなリスクを、そうでない人には小さめのリスクをとってもらうように、うまく工夫して資金を出してもらえばよさそうです。そうすれば全体として大きな額の資金が出てきて、たくさんの事業を支えられます。金融はまさにこの役目を果たします。

金融では、事業リスクをそのまま（例えば出資という形で）黒字主体に負担してもらうやり方があります。あるいは、複数の事業リスクをまとめてとることによって全体としてのリスクを減らし、それを小口に分割して販売するという投資信託のようなやり方もあります。つまり、リスクを金融技術で変換し、うまく様々な黒字主体に配分するのです。

ただし、予期せぬ形で、金融自体がかえってリスクを増幅することがあります。その最たるものが**金融危機**です。これについては本書全体を通じて考察していきます。

**30秒でわかる！ ポイント**

## 金融仲介による様々なリスク変換

①赤字主体 ←──出資── 黒字主体

事業リスクをそのまま黒字主体に移転

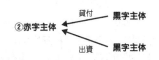

②赤字主体

貸付　黒字主体

出資　黒字主体

デットとエクイティに再構成（3章02節参照）

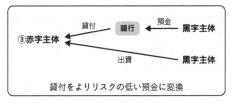

③赤字主体

貸付　銀行　←──預金── 黒字主体

出資　黒字主体

貸付をよりリスクの低い預金に変換

③ **リスクの変換：将来財同士の交換**

# ▶02 デットとエクイティ

## いずれにしてもリスクはつきまとう

黒字主体から赤字主体への資金の融通の仕方には多様なものがありますが、代表的なのは**貸付（デット）**と**出資（エクイティ）**です。

貸付契約の場合には、通常貸付金額（額面）が満期日に返還されること、さらに定期的に契約時に定められた利子が支払われることが約束されます。

資金提供者にとってのリスクは、借入人の業績が悪化して、この約束を守れないケースだけになります（より厳密には借入人に返済能力があるのに嘘をついて返済を渋るというリスクもあります）。ただし、ほとんどの貸付契約は、名目の額面、名目利子率について締結されるため、契約後のインフレに伴う実質価値下落のリスクは残ります。

出資すると、事業リスクを引き受けることになります。加えて、無限責任（合名会社、合資会社）の場合は、業績悪化時に会社に借金があれば、出資者の個人財産まで追及されます。株式会社のような有限責任の場合は、責任追及は出資した資金までです。

株式が無限責任から有限責任に変わると、その分貸付をしている人のリスクは増大します。株主の個人資産を頼れなくなるので、会社が倒産する可能性は高くなるからです。

株式の保有者は配当を受け取りますが、その額は事業のよしあし次第です。その意味で事業リスクに直接晒されています。

**30秒でわかる! ポイント**

## 貸付(デット)と出資(エクイティ)の特徴

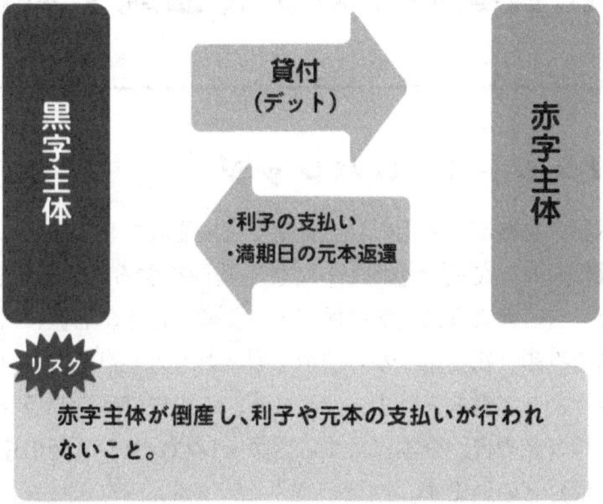

黒字主体

貸付
(デット)

赤字主体

・利子の支払い
・満期日の元本返還

**リスク**

赤字主体が倒産し、利子や元本の支払いが行われ
ないこと。

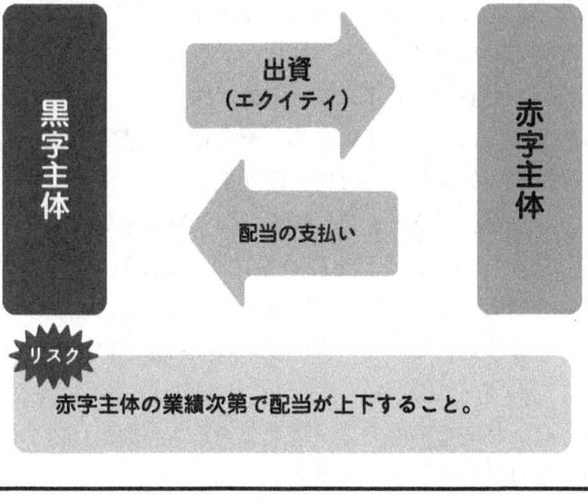

黒字主体

出資
(エクイティ)

赤字主体

配当の支払い

**リスク**

赤字主体の業績次第で配当が上下すること。

**3 リスクの変換：将来財同士の交換**

## ▶03 出資者のリスクを拡大する借入

### バランスシート、レバレッジ

　ある不動産会社が1億円の自己資金で住宅建設をするとします。この会社は借金をして資金を増やして住宅建設をすることもできます。この場合、右表のように左側に保有する資産を書き、右側に借金の金額と左側の総和（総資産）から借金を引いたものを自己資本（あるいは純資産）として書き入れます。これが、この投資家の**バランスシート**です。総資産の自己資本に対する比率を**レバレッジ（その逆数を自己資本比率）**といいます。

　住宅は悪くする（不況になる）と半分に、うまくいけ（好況になれ）ば2倍になるとします。様々な借金（レバレッジ）の水準について、不況・好況時のバランスシートの変化が示されています。

　借金無し（レバレッジ＝1）のときは、株主（＝会社）の取り分は自己資本のところに示されています。不況時には住宅が値下がりして取り分も半分に、好況時には2倍になります。

　レバレッジを2にすると、自己資本の振れ幅も平均値も高くなることがわかります。レバレッジを高めて（借金して）、危険資産（ここでは住宅）を購入すると、平均の利回り（ここでは自己資本）を増やすことができますが、リスク（自己資本の振れ幅）は一段と大きくなるのです。

　このように、住宅そのものの（事業ないし本源的）リスクに借金で上乗せされるリスクを財務リスクといいます。

**30秒でわかる！ ポイント**

## レバレッジの水準によって上下する(財務)リスク

| レバレッジが「1」のとき | | | | | |
|---|---|---|---|---|---|
| 当初 | | 不況時 | | 好況時 | |
| 資産 | 負債 | 資産 | 負債 | 資産 | 負債 |
| 住宅 1 | 借入 0 | 住宅 0.5 | 借入 0 | 住宅 2 | 借入 0 |
|  | 自己資本 1 |  | 自己資本 0.5 |  | 自己資本 2 |
| 総資産 1 |  | 総資産 0.5 |  | 総資産 2 |  |

| レバレッジが「2」のとき | | | | | |
|---|---|---|---|---|---|
| 当初 | | 不況時 | | 好況時 | |
| 資産 | 負債 | 資産 | 負債 | 資産 | 負債 |
| 住宅 2 | 借入 1 | 住宅 1 | 借入 1 | 住宅 4 | 借入 1 |
|  | 自己資本 1 |  | 自己資本 0 |  | 自己資本 3 |
| 総資産 2 |  | 総資産 1 |  | 総資産 4 |  |

③ **リスクの変換：将来財同士の交換**

▶ 04 | **様々な金融仲介**

## 金融仲介機関は何をしているのか？

　黒字主体が直接、株や債券を購入する流れは**直接金融**と呼ばれます。これに対し、間に銀行のような専門の金融仲介機関が入る場合が**間接金融**です。間接金融は銀行だけでなく、保険や年金のような機関投資家によって担われることもありますし、さらには投資信託のような仲介もあります。ヘッジファンドは広い意味の投資信託の一部です。

　直接金融でも会社が特定の知り合い、銀行に頼んで借金をすれば、**相対取引**といいます。これに対して、市場で売買される社債が黒字主体によって購入されれば、**市場取引**です。どちらも広い意味で借入ですが、前者を借入、後者を債券発行と区別しておきます。

　では実際に、金融仲介機関は何をしているのでしょうか。1つは赤字主体に関する情報集めです。どの企業に貸し出せば安全か、どの株が上がりそうか、一般の貯蓄者にはなかなかわかりません。彼らに代わって赤字主体に関する情報を生産し、さらには資金供給したあとの行動を監視したりします。その上で、金融仲介機関は赤字主体のリスクを様々な形に変換して黒字主体に売却するのです。具体的にいうと、銀行は貸出をよりリスクの低い預金に換えます。投資信託は、たくさんの株をまとめて保有することによりリスクを軽減します。また、証券化（17章03節参照）のような手法では、よりきめ細かくリスクを変換していきます。

30秒でわかる！ ポイント

## 金融取引の仕組み

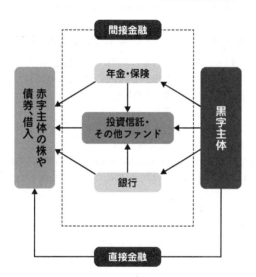

← 資産運用の流れ

間接金融

赤字主体の株や債券、借入

年金・保険

投資信託・その他ファンド

銀行

黒字主体

直接金融

上図は黒字主体から見た流れですが、これを赤字主体から見ると、事業および財務リスクを投資信託や証券化によってリスク変換し、黒字主体に売却するという流れになります。

③ リスクの変換：将来財同士の交換

## ▶05 リスクの分散

### すべての卵を1つのカゴに入れてはダメ

　銀行は1つだけでなくたくさんの借り手に貸出を実行しています。投資信託は、多くの企業の株を保有しています。このように異なったリスクを保有することにより、全体としてのリスクを減らすことができます。これを**リスク分散**といいます。

　サイコロの例で確認しておきましょう。サイコロを振って偶数が出たら1万円が5000円に、奇数が出たら1万5000円になるという賭けを考えてみましょう。どちらの出る確率も同じで、平均は1万円です。この賭けに2万円をつぎ込むとします。全部を1つのサイコロの目（1つのリスク）に賭けると、2万円が1万円になるか、3万円になるかです。平均は2万円です。

　別の賭け方として、サイコロを2回振り、それぞれに1万円ずつ（2つのリスクに）賭けるとします。すると、結果のパターンは3通りになり、確率1／4で1万円、確率1／2で2万円、確率1／4で3万円です。

　平均はやはり2万円ですが、平均そのものが高い確率で出ますし、1万円や3万円の確率は減っています。賭けとしては面白くないかもしれませんが、リスク資産の保有の比喩だと考えれば、1つのリスク資産（サイコロ）に全部のお金をつぎ込むよりも、いくつか（複数回のサイコロの目）に分散したほうがリスクを減らせることがわかります。

**30秒でわかる！ ポイント**

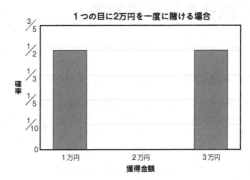

## サイコロの出目で見るリスク分散

### 1つの目に2万円を一度に賭ける場合

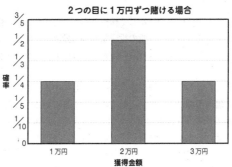

### 2つの目に1万円ずつ賭ける場合

2つの目に1万円ずつ賭けたほうがリスク分散が働き、
所持金を大幅に減らしてしまう可能性を低下させます。

## ▶06 流通市場の重要性

### 投資家・発行体双方に大きなメリット

株や債券が売買される「場所」を市場といいます。場所といっても、最近ではお客さんの注文を突き合わせて、売り買いが一致する値段で売買を約束させ（約定）、株や債券を売った人から買った人に移動させ、逆方向に売買代金を移動させる（決済）仕組みのことで、一部は取引所の、また別のかなりの部分は銀行や証券会社のコンピュータが担当しています。

企業が資金調達のために新しく株や債券を発行する市場を**発行市場**といいます。これは広く一般の投資家を募る**公募**と、資金調達者のことをよく知っている限られた数の投資家向けに発行される**私募**に分けられます。

発行市場に対して、投資家がすでに保有している株や債券を売買する市場を**流通市場**といいます。新規の発行が常にあるとは限らないので、流通市場の存在は株や債券を購入したい投資家には好都合です。同時に、それらをすでに保有している投資家には様々な事情から発生する換金ニーズに応えることになります。

いつでも換金できるという性質（＝流動性が高い）は、流通市場を伴う株や債券に対する需要を飛躍的に高めました。また、同時に自分の持っている株や債券の価格が常に見えるようになり、投資家の資産管理、資金調達者の発行決定を大きく手助けすることとなったのです。

**30秒でわかる！ ポイント**

## 発行市場と流通市場

市場

| 発行市場 | 流通市場 |
|---|---|
| ・新株や債券が発行される<br>・出資の形式は公募と私募に<br>　分かれる | ・すでに発行済の株や債券が<br>　売買される<br>・投資家からの多様な換金・<br>　運用ニーズに対応する |

しばしばニュースで耳にする「ヘッジファンド」は
発行市場において特定のプロ投資家から私募で資
金調達した投資信託です。

## ▶01　預金による決済機能の提供

### キャッシュレスでできる様々な手続き

　銀行預金には**決済機能**が備わっています。例えば、**要求払い預金**（**普通預金、通知預金**）は現金化しなくても決済に利用できます。**小切手**を利用したり、**ATM、銀行窓口、ネットバンキング**などで自分の口座にあるお金を他人の口座に振り込めます。

　この手続きは、支払人Ａと受取人Ｂの口座が同じ銀行にあれば簡単です。その銀行のコンピュータ内でＡとＢの口座の金額を付け替えるだけです。

　では、2人の口座が違う銀行（それぞれＸとＹ）にあったらどうでしょう。ＸとＹは日銀に（当座）預金口座を持っています。支払い指図は全国銀行データ通信システムというところを通って日銀に伝わり、そのコンピュータ内でＸからＹに金額が付け替わります。Ｘ（Ｙ）の中では支払人Ａ（受取人Ｂ）の口座残高が減る（増える）とともに、Ｘ（Ｙ）の日銀預金残高が減り（増え）ます。

　さらに各銀行は、**当座預金**を引き出して現金に換え、預金者の引き出しに備えることもできます。決済の要の日銀券と日銀当座預金の合計をハイパワードマネーないしベースマネーと呼びます。

　いつでも額面で引き出し可能な要求払い預金は、以上のように、ほとんど貨幣と同じ機能を果たすので広い意味の貨幣とみなされます。貨幣との近さは若干劣りますが、**定期預金**などの貯蓄性預金もより広い意味の貨幣の一部分であるとしばしば理解されます。

30秒でわかる！ ポイント

## 口座振替の仕組み

**支払人と受取人の口座が同じ銀行にある場合**

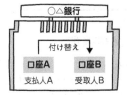

○△銀行

付け替え

| 口座A | 口座B |
|---|---|
| 支払人A | 受取人B |

**支払人と受取人の口座が異なる銀行にある場合**

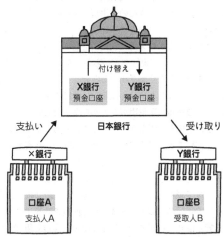

付け替え

| X銀行 | Y銀行 |
|---|---|
| 預金口座 | 預金口座 |

日本銀行

支払い　　　　　　　　　　　　　受け取り

×銀行　　　　　　　　　　　　　Y銀行

| 口座A | 口座B |
|---|---|
| 支払人A | 受取人B |

▶02 | 短期金融市場

## お金の流れの調整機能

預金者の指図の結果、X銀行からY銀行へ資金の移動（日銀当座預金口座間の付け替え）が行われます。では仮に、ある日、X銀行からY銀行への支払い指図が数多く発生したらどうでしょう。

まず、そもそも自分の銀行から資金が流出するばかりということは通常ありません。他の銀行からもたくさんの資金が流入してきます。それらを足し合わせると、少しの流出超（あるいは流入超）で済むことが多いのです。

それでも流出が流入を結果的に大幅に上回るということは起こりえます。するとX銀行はY銀行などからお金を借ります。考えてみてください。X銀行から資金が流出するということは他の銀行に流入しているわけです。こうした資金の流れのでこぼこをならす市場が**短期金融市場**です。**コール・手形市場**などが典型的なものです。

ただし、銀行全体から資金が流出することもあります。家計や企業が国に税金を納めると、日銀にある銀行の口座から政府の口座に資金が移動します。また、人々が預金口座から現金を引き出すと、銀行は日銀に行って当座預金を一部解約して現金に換えます。

この場合、後で説明しますが（13章03節）、日銀は銀行に資金を供給（貸出）して銀行の日銀当座預金残高を回復させます。短期金融市場における貸し借り、日銀の資金供給までをも含めて銀行預金の決済機能が成立しているのです。

30秒でわかる！ ポイント

## 資金流出の構図

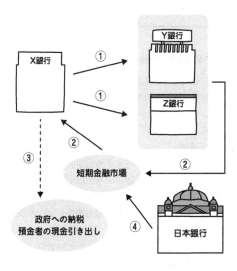

① X銀行から大量に資金が流出してY銀行や Z銀行に流入

② ①には短期金融市場の貸借で対応

③ 納税や預金者の現金引き出しで銀行全体から 資金流出

④ ③には日本銀行が資金供給で対応

## ▶03 | 預金準備

### どれくらいの預金準備を用意する必要があるのか？

銀行が日銀に保有している当座預金残高のことを**預金準備**ともいいます。では銀行は、受け入れている預金に対してどれくらいの準備預金を日銀に置いておけばよいでしょうか。

銀行に普通預金している預金者はいつでも引き出せるように、定期預金ではなく普通預金にしているのですが、引き出すとしてもごく一部です。定期性預金になると、そもそも満期前に解約すると金利が下がってしまうので、急に引き出すという人はずっと減ります。

したがって、銀行は預金残高のごく一部分を日銀に準備として置いておけばよさそうです。実は、十分な預金準備を置いておかない銀行が出るかもしれないという心配から、法律で（ひと月の平均として）最低これくらいは必要という水準が定められています。この水準の預金に対する比率を**法定預金準備率**といい、日銀が定めることになっています。

法定預金準備に各銀行が自分で適切と思う金額（**超過準備**）を加えたものが、**預金準備総額**になります。これは量的緩和政策が実施されていない「平時」では、おおむね法定準備に等しくなっています。すると、銀行は受け入れた預金の大半を貸出や国債への投資などに振り向けることができます。それでも預金者の引き出しに通常は対応できるのです。

30秒でわかる！ ポイント

## 銀行の預金準備総額とは

**¥ 預金準備総額**

||

**法定預金準備**

日本銀行

日銀が定める
法定預金準備率に
よって決まる

＋

**超過準備**

各銀行

超過準備の額は
通常、ひと月の
平均ではゼロ

注

現在のように量的緩和策（14章04節参照）が行われ
ていると、超過準備が恒常的に大きなプラスになっ
ています。

## ▶04 信用創造

### ペン先から生まれる貸出と預金

　実は、銀行はお金がなくても貸出をすることができます。ある企業に貸出をするには、貸出契約の締結とともに、その企業の銀行口座を開き、その通帳に例えば1億円と書き込むだけです。お金は1銭もいりません。しかし、この瞬間に銀行貸出と預金は1億円ずつ増えています。これが「**信用創造**」です。

　預金通帳に金額を書き込むだけなので、銀行は無限に預金と貸出を創造できそうです。しかし、現実には貸出先の企業が資金を使ってモノを買います。モノを販売した企業の口座が他の銀行にあると、自分の日銀当座預金口座からその銀行へ資金が移動します。それでも4章02節で見たように、足りなくなれば短期金融市場で借りてくることができます。

　では本当に無限に貸出を増やせるのでしょうか。貸出に伴って預金が増えると、銀行は預金準備（日銀当座預金）を増やさねばなりません。また、人々は預金が増えれば現金保有も増やしそうです。つまり、ベースマネーを増やす必要があります。平時では日銀がこの金額を供給します。

　一方、量的緩和時には必要額の何倍もの資金を供給するので、結果的にいらないお金が当座預金に積まれて預金準備は平時の何倍もの値になります。ただし、貸出は無限に増えるのではなく、企業の投資意欲や金利で決まっていきます。

## 30秒でわかる! ポイント

# 「信用創造」の仕組み

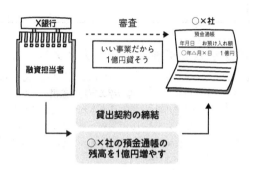

X銀行のバランスシート

| 貸出 | 預金 |
|---|---|
| +1億円 | +1億円 |

○×社のバランスシート

| 預金 | 借り入れ |
|---|---|
| +1億円 | +1億円 |

注

預金と貸出を増やすのに銀行は1銭のお金もいりません。ただし、法定預金準備や○×社の資金利用を考えるとお金が必要になります。

## ▶05 ｜ 銀行の貸出業務

### 必ず伴う審査と監視（モニタリング）

　銀行は誰にでもお金を貸しているわけではなく、事前に**借り手の審査**をします。さらには貸した後の**借り手の行動の監視**をします。例えば、貸し出した資金は借り手の口座に入金されているので、その出入りを見ると借り手に関するかなりのことがわかります。こうした審査や監視を預金者が個別にするのは大変なため、まとめて専門家の銀行にやってもらったほうが効率的です。

　似たような仕事は企業の審査をして格付けを付与する格付け機関や、企業の決算などを監査する公認会計士も行っています。しかし、彼らが対象とするのは上場企業などの大企業です。大多数の中小企業に関する情報は銀行が生産しています。

　1つの企業には通常複数の銀行が融資をしていますが、そのうち審査・監視を特に代表して担当し、他の銀行が手を引くような危機時にも可能な限り融資を継続して支える銀行を、日本ではその企業のメインバンクといいます。

　銀行は多数の貸出を実行することによって、リスクをプール、ないし分散しています。（3章05節参照）銀行が直面するリスクを最終的に負担するのは、預金者と銀行の株主です。

　ただし、銀行が倒産する、あるいはそのリスクに絡んで「公的資金」（納税者の資金）が投入されることもあり、そうなると話は複雑です。

30秒でわかる！ ポイント

## 銀行によって行われる審査と監視

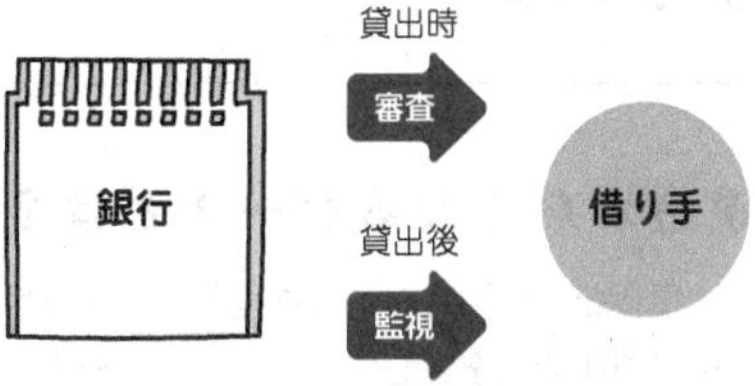

銀行

貸出時
**審査** →

貸出後
**監視** →

借り手

## メインバンクの役割

A銀行

融資 →

B銀行

← 融資

企業

融資 ↗

← 融資

C銀行

D銀行

危機時の融資
審査・監視 ↑

メインバンク

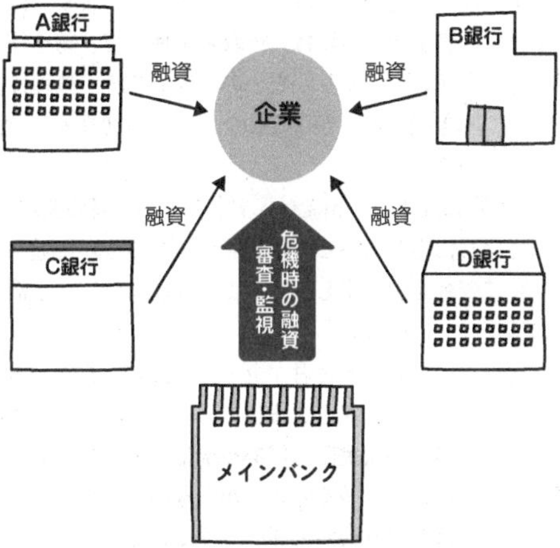

## ▶01 貸出と預金の同時提供に伴うリスク

### 銀行から現金がなくなるケースとは？

　銀行は要求払い預金などの短めの負債を抱え、それを相対的に期間の長い貸出で運用（期間変換を）していることから発生するリスクを抱えています。

　貸し出した資金は、工場、機械、住宅などの長期固定的な資産に転換されます。住宅は売買される市場がありますが、その流動性はあまり高くありません。工場や設備は一部を除いてそのままではなかなか売買できません。資金化するには、それらを使って、物を作って長い時間かけてお金を稼いでいくしかないのが普通です。無理に流動化しようとすれば、叩き売りということになって、当初投入した額の一部しか回収できないでしょう。

　他方、預金、特に要求払い預金は、文字通り預金者の要求があれば、いつでも引き出しに応じないといけません。もちろん、通常は多くの預金者が同時に資金を引き出しにくることはないので、小額の預金準備を日銀に積んでおけばよいわけです。

　しかし、何らかの理由で預金者が資金引き出しに殺到する（銀行取り付け）事態が起きると、健全な銀行であっても、銀行の窓口、あるいはその銀行の**日銀当座預金口座にある現金が不足し、支払いができずに倒産**してしまいます。多くの人々が引き出し始めると、自分も早く引き出さなくてはと思うのが人間の心理なのです。

**30秒でわかる! ポイント**

## 銀行が抱えるリスク

預金者からの要求が
あればすぐに引き出しに
応じなければならない

貸し出した資金は
長期固定的な資産に
転換されているので
すぐに利益を回収できない

○×銀行

リスク

引き出しが殺到する
ようなことが起きれば
現金が不足し、倒産して
しまうことも……

長期固定資産をすぐに
流動化させようとすると
「叩き売り」のような
状態になる可能性が……

多くの預金者が引き出し始めると、自分も引き出した
ほうがいい……

銀行は倒産

〈倒産予想の自己実現性〉

5 銀行の脆弱性

## ▶02 システミック・リスク

### 少数行の倒産が引き起こす大きな危機

　安易な貸出先選択のため、回収不可能な不良債権を大量に抱えた銀行が倒産するのはやむを得ません。しかし、それが波及して多くの銀行が危うい状態になると金融機能が麻痺してしまいます。こうしたリスクを**システミック・リスク**といい、そのような状態になることをそのリスクの顕在化といいます。

　少数行の倒産が、他の銀行も危ないのではないかという不安心理を広範な預金者に発生させると、多くの取り付けが発生し、銀行業全体が危なくなります。

　バブル期の日本や2000年代半ば過ぎの米国では、多くの銀行が規律を欠いて不動産関連融資などを拡大した結果、不動産価格が急騰、その後急落しました。こうした時に何行かの倒産が発生すると、相対的に健全な銀行にも不安心理から取り付け騒ぎが起きます。結果的に不動産融資にはブレーキがかかり、不動産価格はさらに下がるという悪循環に陥るのです。

　別のケースは、短期金融市場などでの銀行同士の貸し借りを通じる波及です。何らかの理由で1行が倒産すると、他行のこの銀行向け融資が回収困難になり、こちらも危うくなります。

　このように、1行の倒産は、システミック・リスクという市場取引の条件（金利など）には反映されていないような経済全体への悪影響（外部効果）を引き起こす可能性があります。

30秒でわかる！ ポイント

## システミック・リスク顕在化のメカニズム

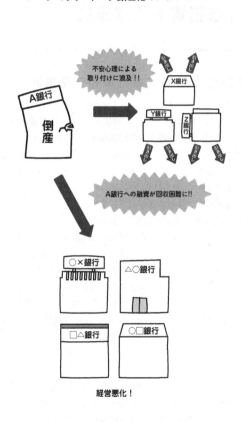

## ▶03 自己資本比率規制

## 危機発生を回避するための予防措置

システミック・リスクを避けるための様々な工夫は銀行経営が危機に陥ってから（事後的対応策）の措置と、事前的な措置に分かれます。事前的な措置の典型が**自己資本比率規制**です。銀行のバランスシートは、負債側が預金と自己資本（出資額）で、資産側が貸出、有価証券、日銀当座預金などです。いうまでもなく、自己資本が資産全体に対して高い比率を占めていれば、その銀行は倒産しにくく、預金者や他の銀行に迷惑をかける可能性が低下します。

1980年代後半に国際決済銀行（BIS）に集まった主要国の金融監督者は、以上のような観点から、国際的に活躍する大きな銀行は最低限の自己資本を保有しないといけないという規制の導入を決めました。自己資本の最低額は、各資産をそのリスク度合いに応じてウエートを付けて足し合わせたリスク資産の8％以上と決められたのです。例えば、先進国の国債のウエートは0％、ある程度以下の格付けの企業向け貸出は100％などです。これがいわゆる **BIS規制（バーゼルⅠ）**です。リスク資産でなく、単純な総資産額が自己資本必要額算出の基礎となっていれば、各銀行のレバレッジを12.5倍（＝1／0.08）以下に制限する規制になっています。

BIS規制は導入前後から各国の銀行行動に大きな影響を与えました。このほか一定の流動性を保有すべしという預金準備制度、監督当局による銀行検査なども広い意味の事前的な措置です。

30秒でわかる! ポイント

## 国際的なBISによる自己資本比率規制
### （バーゼルⅠ）

$$\frac{自己資本（資本金）}{リスク資産（融資、有価証券投資など）} \times 100 \geqq 8\%$$

BIS規制の導入は、各国の銀行行動に大きな影響を与えました。特に日本では、規制遵守のため銀行による貸し渋りや貸しはがしも見られました。

## ▶04　システミック・リスクへの 事後対応策

### 預金保険と中央銀行の最後の貸し手機能

　システミック・リスクは他の預金者が預金引き出しに走ると自分も同様の行動をしないといけないという預金者心理に基づいている面があるので、この点に関する手当てを行って和らげることができます。典型的なものが**預金保険と中央銀行による最後の貸し手機能**です。これらは事後対応策です。

　預金保険は、銀行が受け入れた預金額に応じてお金を積み立てておき、倒産行が出たらその積立金から預金の支払いに必要な資金を、一定限度額まで肩代わりして支払うという仕組みです。こうした制度があれば、預金者は保険の限度額までの預金については安心していることができます。

　銀行の脆弱性は、要求払い預金を流動性の低い資産で運用している点にあると指摘しました。取り付けによる困難は、誰かがこうした資産を担保にお金を貸してくれれば緩和します。市場に貸し手が見つからないときに、中央銀行が貸し手として登場する、それが中央銀行の最後の貸し手機能です。

　この他、個別銀行の経営悪化を検査などで早めに発見、その上で経営改善措置を命じる早期是正措置、経営悪化行に、場合によっては公的資金をも導入して銀行を救済、その金融システム全体への波及を防ぐことも事後対応策に入ります。公的資金投入によって救われた預金者や債券保有者は「ベイルアウトされた」といわれます。

**30秒でわかる！ ポイント**

## 取り付けが起きた際の中央銀行の役割

預金者　　　預金者　　　預金者　　　預金者

| 銀行 |
| --- |
| 預金者の<br>不安心理による<br>資金流出 |

| 中央銀行 |
| --- |
| 最後の<br>貸し手 |

# ▶05 モラルハザード

## 事後対応策がもたらす副作用

前2節で説明した様々な措置の一部には副作用があります。例えば預金保険制度です。これがなければ、不良債権を抱えて自己資本が目減りした銀行は高い利率を払わないと預金を集められません。つまり、預金者が銀行を監視します。しかし、この制度があれば低い利率でも預金が集まります。集まった資金でこの銀行は一か八かのリスクの高い投資に走る可能性があります。中央銀行の最後の貸し手機能、政府による銀行救済策にも同様の効果があります。

このように保険を含む危機対応の制度が、かえって銀行をハイリスク投資に走らせ、預金者の銀行監視機能を低下させる効果を**モラルハザード（保険などにより人々の行動が変わること）**といいます。

モラルハザードを限定するため、預金保険は現在の日本では1人1000万円までの保護に限られています。中央銀行も、経営が悪化した銀行の中身や担保をよく調べてから貸出の実行を決めます。ですので、こうした仕組みでシステミック・リスクが完全に防げるわけではありません。銀行破たんに伴い、預金保険制度が銀行に代わって保険限度額までの支払いを実行することを**ペイオフ**といいます。それ以上の預金額については、銀行の残余資産に応じての支払いになります。ペイオフは最近では2010年の日本振興銀行倒産のときに初めて実行されました。それまでは様々な救済策で預金は全額保護されていたのです。

30秒でわかる！ ポイント

## 預金保険による保証機能

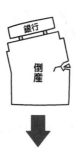

1人1000万円までの
範囲内で保証

# 第 2 部

# ファイナンス
# 入門

## 【第2部で知っておきたい金融用語】

### ▼利回り

資産運用で、利子・配当に資産の売却益（損）を加えたものが、元本に対して年平均何%に回ったかを示す率

### ▼リスクプレミアム

リスクのある資産の利回りが安全な資産の利回りを上回る率

### ▼資産の市場流動性

ある資産を速やかに予想できる価格で現金化できる程度。この程度が高い資産が流動性の高い資産。流動性の低い資産の利回りはその分高くなる（流動性プレミアム）

### ▼効率的フロンティア

資産運用の様々な目標利回りと、それに対応してリスク分散効果を最大限利用したときのリスクの程度の組み合わせ

### ▼割引現在価値

予想される将来のキャッシュ・フロー（利子や配当の流列）と交換に現在払ってもよい金額

## ▼利子率の期間構造

長期金利と短期金利の関係。長期金利は将来の短期金利の予想値の平均にリスクプレミアムを加えたものになる

## ▼株価のファンダメンタル・バリュー

現在の株価の基本的決定式で、株価は将来の予想配当（収益）の割引現在価値に等しくなるというもの

## ▼アクティブ、パッシブ運用

資金をある市場で運用するとき、その市場の指数（例えば、日経平均株価）構成銘柄のとおりに保有する運用がパッシブ運用。独自の判断で銘柄を選ぶ運用がアクティブ運用

## ▼投機とヘッジ

購入価格と異なる価格で売却することを念頭に置いて資産を購入する行動が投機。現在保有している資産の評価額を、派生商品を用いて確定しておく行動がヘッジ

## ▼マーケット・メイキング

様々な資産市場で、顧客の売り（買い）の相手方となって金融機関が資産を購入（売却）し、市場流動性を提供すること

6 リスクとリターン

## ▶01 | 様々な資産

## 利回りのいい資産は何？

1万円の**現金**はいつまでたっても1万円のままです。1万円を金利1％の**銀行預金**にしたらどうでしょうか。預けた1万円を預金の額面といいます。毎年100円の利子が付きます。金利1％は、厳密には、額面に対して1％です。この金利を慣例で**利率**と呼びます。

**債券**は少し違った資産です。満期と額面、そして額面に対する利率が決まっています。例えば、満期2年で額面が1万円、利率1％の債券があったとすると、1年目と2年目に100円の利子が払われ、2年後に1万円が戻ってきます。ここまでは預金と同じですが、違いは、この債券を買う時に払う金額が1万円とは限らないことです。需要と供給に応じて、1万円より安かったり高かったりします。

**株式**には今では額面はありません。ただし、1株、1000株といった単位はあり、債券と同じように需給で単位当たりの値段が変動します。株を保有していると配当をもらえます。ただし、その額は企業業績次第で、ゼロのこともよくあります。また、債券や預金と違って満期の概念はありません。**不動産**は株によく似ています。配当に対応するのが家賃と考えればわかりやすいでしょう。

満期のある資産は満期まで、ない資産はいつまでも保有し続けてもいいのですが、好きなときに売却することもできます。ただし、定期預金は満期前に解約するとペナルティをとられますし、満期前の債券や株、不動産はいくらで売れるかは需給次第です。

30秒でわかる！ポイント

## 4つの資産の比較一覧表

|  | 購入価格 | 利子・配当収入 | 満期時償還額 |
|---|---|---|---|
| **預金** | 預入額 | 預入額×利率 | 預入額 |
| **債券** | 市場価格<br>（日々変動） | 額面×利率 | 額面 |
| **株式** | 市場価格<br>（日々変動） | 配当* | 売却時*<br>市場価格 |
| **不動産** | 市場価格<br>（日々変動） | 家賃* | 売却時*<br>市場価格 |

*購入時、不確定

資産にはそれぞれに特性があり、運用の観点から見ると、メリットとデメリットの両面を持ち合わせています。

## ▶02 各資産の利回り

### 株や債券はリスク資産

ある資産に資金を投入してどこかで現金化したときに平均（年あたり）何％で運用できたかが、その資産の**（名目の）利回り**です。

わかりやすくするため、1年間の運用を考えましょう。利回りの計算式は右ページの式になります。現金は利子も付きませんし、元本は変わらないので利回り0％です。利率1％の銀行預金は、預入額と1年後に現金化した時の金額が等しいので1％です。

1年後に満期が来る額面100万円、利率1％の債券が今日99万円で買えたとします。すると、利回りは100×（100×0.01 +（100−99））／99＝2.02％となります。今日の債券価格が100万円だったら同様の計算で、利回りは1％です。つまり、債券の価格が上昇すると利回りは低下します。株も同様です。ある会社の株を今日100万円で買い、1万円の配当をもらって101万円で売却すれば、利回りは2％になります。

現金、預金の利回りは明らかに確定します。1年満期の債券も利子収入と満期に戻ってくる金額が確定しているので、利回りは購入時に決まります。株は配当も1年後の売却額も事前には不明で、利回りは確定しません。このような資産がリスク資産です。1年満期ではなく2年満期の債券は、1年後に売却する値段が事前には不明なので、1年間の運用をするとリスク資産になります。ただし、2年間持ち続けるとすれば確定します（8章01節、02節参照）。

30秒でわかる! ポイント

## 利回りの計算式

１年間の資産運用利回り＝

100×(利子ないし配当＋

(１年後の売却額－当初の購入額))

／(当初の購入額)

利回りは、資産価格(当初の購入額)が上がると低下します。購入時に利回りが確定していない資産は、リスク(危険)資産と見なされます。つまり、株はリスク資産です。また、長期債券を１年運用するとリスク資産となります。

## ▶03 リスクプレミアム

## リスクをとったことに対する"ご褒美"

　安全資産があるのに、時に危険資産を保有するのは、予想利回りが高いからです。つまり、時々損することがあっても平均では（長い目で見れば）、高い利回りを実現できるのです。ただし、これは人々がリスクを嫌う（危険回避的である）ことを前提としています。

　右表にあるように、過去20年間米国の株を持ち続けていれば、平均で年率7.59％に回り、国債運用した場合の2.39％を5.2％上回っています。この差を株の**リスクプレミアム**といいます。進んでリスクをとったことに対する対価です。1996年に1万ドル米国株に投資したお金は2016年には4万3000ドルになっているのです。

　ただし、数年の短期では株の利回りはマイナスになることもしばしばです。これが株のリスクです。

　リスクプレミアムは2つの要因で決まります。1つは、その資産のリスクの程度です。ある資産のリスクが前よりも高まれば、もっと儲からないと投資家は保有しないでしょうから、リスクプレミアムは上昇します。

　もう1つは、投資家がどれくらいリスクをとれるかです。リーマンショックのような金融危機になると、皆怖がってリスク資産を持とうとしません。結果的に、リスク資産価格は値下がりし、利回りとリスクプレミアムは上昇します。人々が危険回避的であれば、通常リスクプレミアムはプラスになります。

30秒でわかる！ ポイント

## 1996年から2016年までの日米年率平均利回り

| | 日本 | 米国 |
|---|---|---|
| 株式 | 1.65% | 7.59% |
| 1年物預金ないし国債 | 0.16% | 2.39% |
| リスクプレミアム | 1.49% | 5.20% |

(注)株式は、米国はS&P500、日本はTOPIXで配当を再投資。預金や国債も元利
を再投資と仮定

## ▶04 流動性プレミアム

## すぐには売れない資産

　様々な資産の特徴を決める大事な要素に流動性という概念があります。流動性は、現金そのものを意味することもあります。ただ、資産の流動性という場合は、その資産をどれくらい容易に、予想が付く値段で現金化できるかを意味します。

　銀行の普通預金は、預けている銀行に問題がない限り何の不確実性もなく、現金化できます。つまり、流動性のきわめて高い資産です。国債や株はどうでしょうか。どちらも流通市場で取引されていますし、証券会社に聞けばそのときの値段を聞いた上で、売却することができます。しかし、売りに出している間に価格が変動するかもしれません。つまり流動性はまあまあ高いのですが、銀行預金ほどではありません。

　家や土地になると流動性はさらに下がります。たいていの家は実際に売れるまでにかなりの時間がかかりますし、いくらで売れるかも（ある程度の予想は付きますが）はっきりしません。

　資産の流動性は経済状況次第で大きく変化します。リーマンショックのときなどは、多くの危険資産の買い手がいなくなって流動性は極端に低下しました。流動性の高い資産は低い資産に比べて価値が高いので、他の条件が同じなら価格が高め（利回りが低め）になっています。この差を**流動性プレミアム**といいます。

**30秒でわかる！ ポイント**

### 流動性の比較

銀行

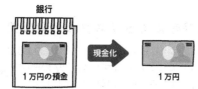

1万円の預金　**現金化**　1万円

流動性が高い

証券会社

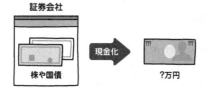

株や国債　**現金化**　?万円

流通市場での取引価格に
よって額が決まるため、
銀行預金に比べて流動性は低い
（いくらで売れるかわからないし、
売れるまで時間がかかったりする）

## ▶01 リスクとリターン再論

### 複数資産保有によるリスクの分散効果

6章で議論したような様々な資産を投資家はどのように組み合わせて保有したらよいでしょうか。まずリスクとリターンの概念（3章05節の議論）をもう少し数学的に整理してみましょう。

ファイナンスでは、ある資産の性質を記述するのにその資産の利回りを**確率変数**と考えることが通例です。例えば、－1％になる確率が1／3、1％が1／3、3％が1／3などです。ある資産の利回りを確率変数と考えたときに、その平均が**予想収益率**です。また、**分散ないし標準偏差（リスク）**を運用のリスクを表す指標としてよく用います。

2つの異なる危険資産A、Bがあるとしましょう。その利回りの平均と標準偏差を右図のA、Bで示しています。

投資家が資産の一部をAに、残りをBに投資すると、こうして得られる資産の組み合わせ（ポートフォリオ）の利回りの平均と標準偏差はどうなるでしょうか。

両者の相関が1でも－1でもないとすると、図のAとBを結ぶ曲線のようになります。曲線上でAからBに移動するにつれ、B資産の比率が高まっています。この曲線はABを結ぶ直線よりも左側にあり、C点とD点を比較すると、同じ平均ですがC点では標準偏差が低下しています。これが複数資産保有による**リスクの分散効果です**（3章05節参照）。曲線ABを**機会曲線**といいます。

**30秒でわかる！ ポイント**

## 目で見るリスクの分散効果

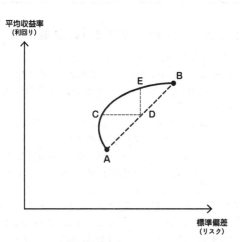

危険資産（株や不動産など）であるAとBの相関が
1でも−1でもない場合、両者の利回りやリスクの
平均（D点）よりも、利回りを高めたり（E点）、リスク
を減らしたり（C点）できます。

7 資産選択

## ▶02 効率的フロンティア

### 「ハイリターン、ハイリスク」の意味

右図のような3つの危険資産A、B、Cがあります。2つの資産を選んで前節のような曲線を引き、さらに曲線上の任意の2点（a、b）を選んで、それを合成したポートフォリオに対する平均収益率、標準偏差の組み合わせを描きます。

これを繰り返して、左方向に行ける限界が図の太い曲線で、資産A、B、Cからなるポートフォリオの機会曲線です。

資産数が2から3に増えるとリスク分散効果が一段と高まります。資産数がさらに増えると、機会曲線は一段と左のほうに動きますが、全体の形状は大きくは変わりません。

機会曲線はある平均収益率を達成しようとするときに、実現可能な最も低いリスクを示しています。この機会曲線は**効率的フロンティア**とも呼ばれます。よく「リターンを上げるにはリスクをとらないといけない」といいます。これは厳密には正しくありません。図中のa、b、あるいはそもそもC点は、適宜ポートフォリオを組めば達成可能な点で、これらの点から機会曲線まで左上に進むと「よりハイリターン、ローリスク」の点が得られます。

つまり、ファイナンスの理屈通りに行動すれば、こうした点を見つけられるわけです。しかし、いったん機会曲線に到達してしまうとどうでしょうか。その線上でリスクが最小の点Xより上に行こうとすると右に進みだし、ハイリスクにならざるを得ません。

30秒でわかる! ポイント

## ハイリターン、ローリスク!?

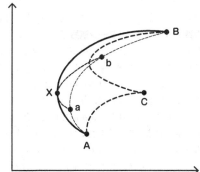

効率的フロンティアはリスク分散効果を極限まで
追求した後に残るリスクを示しているともいえま
す。この部分(縦軸から機会曲線までの水平距離)
は、これ以上分散可能でないリスクです。

## ▶03 最適なポートフォリオ

### 多少のリスクはとったほうがいい!?

機会曲線の上のどの点が望ましい資産選択なのでしょうか。それを決めるのは**投資家のリスク・リターン選好**です。

投資家の資産保有から得られる満足度が、平均収益率と標準偏差で決まるとしましょう。右図中に曲線（UU）が描かれています。この曲線上の点はリスク、リターンの組み合わせが異なっていますが、いずれも同じ満足度（効用）を投資家に与える点です。右に行くとリスクが高まるので、上に行ってリターンが高まらないといけません（ここでも危険回避的な投資家を仮定しています）。同じような曲線が点線で左上にもう1つ（U'U'）描かれています。こちらのほうが（より高リターン、ないし低リスクなので）高い効用に対応しています。

実現可能なポートフォリオの中では、機会曲線上の点がそれ以外（曲線の右側）よりも望ましいことがわかります。投資家の満足度を高くするには、FやGのような点は望ましくありません。

となると、図のEのようにUU線が機会曲線に接する点Eに対応するポートフォリオが最適となります。また、機会曲線上でもX（最小リスクに対応）より下は最適点になりません。最適なポートフォリオはリスクを最小にするものではなく、どんなに危険回避的な投資家でも多少のリスクをとったほうがいいのです。

30秒でわかる！ ポイント

## 機会曲線で見る最適な資産選択とは？

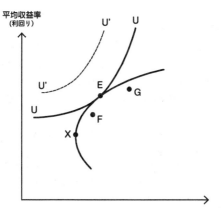

理論上の最適なポートフォリオとは、E点で表される組み方ですが、投資家の選好次第で（UU線の形が違うので）機会曲線上を右側によったり、左側によったりします。つまり、人によって「最適なポートフォリオ」は異なってくるのです。

## ▶04 市場ポートフォリオ

### 安全資産と危険資産

　ここで、想定を一般化してリターン $\gamma_f$、リスクはゼロの安全資産があったとしましょう（右図の $E_0$ 点）。この安全資産と危険資産を合わせてもリスク分散効果は働かず、両者への投資割合に応じて、安全資産を表す点と、危険資産の点を結ぶ直線上の点が選択可能となります。危険資産を機会曲線上で動かして、こうした線を無数に引いていくと、結局、右図にあるようにこの線が機会曲線に接するような場合が最も効率的な線であることがわかります。

　このときの危険資産の組み合わせ（点M）を**市場ポートフォリオ**と呼びます。また、この線上左下から右上に進むと、安全資産への投資割合が減り、危険資産（M）が増えます。

　（$U_1$ で選好が示される）投資家1は $E_1$ を選びます。（$U_2$ に対応する）投資家2は $E_2$ を選びます。このように、各人の選好によって最適ポートフォリオは異なります。

　しかし、どちらも同じ線の上に乗っているので、選ばれる危険資産の組み合わせはM点に対応します。違うのは、安全資産と危険資産の比率だけです。

　つまり、リスクに対する態度がいかに異なっていようとも、点Mに対応する危険資産の組み合わせ（ポートフォリオM）を、例えば投資信託として提供すれば、すべての投資家はこれを買うことで満足するのです。驚くべき結果です。

30秒でわかる！ ポイント

### すべての投資家が満足する<br>「危険資産ポートフォリオM」

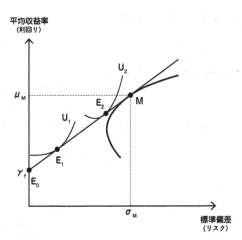

「ポートフォリオM」がすべての投資家を満足させられるのは、各資産のリスク・リターンに対する見方が一致していることが条件です。

## ▶01 | 割引現在価値、債券利回り再論

### 複利最終利回りとは？

市場機能が正常に働いているときの資産価格決定について学習します。まず、債券です。

最初に**割引現在価値**という言葉を覚えましょう。仮に誰かが1年後に$C_1$円、2年後に$C_2$円……n年後に$C_n$円というお金の支払い（キャッシュフロー）を約束したとします。この約束と交換にあなたがいま支払ってもいい金額が、このキャッシュフローの割引現在価値です。

厳密には、金利（割引率）rで資金運用ができるとき、右図の（1）式がそれを表しています。nが1ならわかりやすいでしょう。今日の$c / (1 + r)$円は、金利rで運用すれば1年後にはc円になる。よって、1年後のc円は今日の$c / (1 + r)$円と価値が等しいのです。

一般に、満期がn年の債券は毎年利子c、さらに満期時に額面Fの支払いを約束している金融商品です。この債券に現在市場でP円の値段が付いていたとします。このとき、この債券の（複利）最終利回りは、この債券から生み出されるキャッシュフローの現在価値が、Pに等しくなるような割引率Rのことで、（2）式で定義されます。実は、複利最終利回りは、この債券を今日P円で購入し、満期まで保有し、さらに途中に入ってくる利子もすべて同じ債券に再投資した場合の、年平均の利回りになります。

30秒でわかる! ポイント

## 資産価格決定のための計算式

$$\frac{c_1}{1+r} + \frac{c_2}{(1+r)^2} + \cdots + \frac{c_n}{(1+r)^n} \quad (1)$$

キャッシュフロー($c_1$、$c_2$、…$c_n$)の割引現在価値

$$P = \frac{c}{1+R} + \frac{c}{(1+R)^2} + \cdots + \frac{c+F}{(1+R)^n} \quad (2)$$

債券価格Pと複利最終利回りR

$$P = \frac{F}{(1+R)^n} \quad (3)$$

利払いがない債券(割引債)の割引現在価値は、上の(3)式のように簡単になる。債券価格と利回りが逆に動くことが簡単にわかるはず

$$\frac{c+P'-P}{P} \quad (4)$$

債券は途中で売却することも可能。今日利付債をP円で買って、1年後にP'円で売却したときの利回りを1年間の所有期間利回りといい、上の(4)式で表される。これは一般に最終利回りとは異なる

8 債券利回りの決定

▶02 長期金利と短期金利の関係

## 純粋期待仮説とは？

満期までの期間が短い（長い）債券の利回りが**短期（長期）金利**です。両者の関係を金利の期間構造といいます。追って説明しますが、長期金利はこの期間構造で定まります。

2年間の資金運用を考えましょう。2年物の債券（2年債）を買っておくと、その今日時点（t）での複利最終利回り $R_2$（t）、で運用利回りは決まります。

別の運用方法として、今日1年債を買い、1年後に元利合計を再びそのときの1年債に投資する方法があります。今日の短期金利を r（t）で、1年後のそれを r（t + 1）で示します。すると、それぞれの運用の2年後の元利合計は右図の（1）式の左辺と右辺になります。ただし、来年の1年債の金利は現時点ではわからないので、予想という意味でE（…）の記号を付けています。

両者は同じ資金の2つの運用方法なので、2年後の元利合計は同じにならないといけません。したがって、（1）式が成立します。これは複利の式ですが、単利にして近似式にしたのが（2）式です。より長い債券（n年債）についての同様の式は（3）式です。

つまり、長期金利は、現在から将来にかけての短期金利の予想の平均値で、将来、短期金利が上がって（下がって）いくと思われていれば、現在の長期金利は短期金利よりも高く（低く）なります。この式をしばしば期間構造に関する「**純粋期待仮説**」と呼びます。

30秒でわかる! ポイント

## 金利の期間構造
### （純粋期待仮説）

$$(1+R_2(t))^2 = (1+r(t))(1+E(r(t+1))) \quad (1)$$

2年債を2年間保有　　　1年ごとに1年債を買う

両辺の数値は、2年間元利合計を表している

$$R_2(t) = \frac{1}{2} \times (r(t) + E(r(t+1))) \quad (2)$$

2年という具体的な例に（1）式を
単利計算で近似した計算式

$$R_n(t) = \quad (3)$$
$$\frac{1}{n} \times (r(t) + E(r(t+1)) + \cdots + E(r(t+n-1)))$$

満期n年の長期金利は将来の予想短期金利の平均値

## ▶03 債券のリスクプレミアム

### 特定期間選好仮説とは？

　前節では、長期債を保有し続ける運用と短期債が満期になるたびに新しい短期債に再投資する運用とが同じリターンを生み出すものとして純粋期待仮説を導きました。しかし、ここにはリスクの問題が存在します。前節で指摘したように、2年間運用したい資金を2年債で運用すれば、元利合計は債券購入時点で（もちろん、インフレの問題を除いて）確定します。これに対し、1年債を2回購入するやり方では2年後の元利合計は不確定で、リスクが生じます。

　しかし、話は複雑です。投資家が1年後には債券を現金化したいとします。この場合、1年債を買えばリターンは確定します。一方、2年債を買うと、1年後に売らねばならず、そのときの債券価格が不確定なため、最終的なリターンは不確定です。今度は2年債のほうにリスクが出てくるのです。

　リスクの高い債券には一般論としてリスクプレミアムが付き、利回りは高くなります。それがどの満期かは不確定です。年金や保険のような長期債を好む投資家が増えると、長期債に要求されるリスクプレミアムは低下します。これを**特定期間選好（あるいは各満期ごとの投資家が違うので市場分断）仮説**といいます。

　ちなみに、国債の場合には支払い不能という事態は先進国では考えにくいので、リスクという代わりに**ターム（満期までの期間）・プレミアム**という表現がよく使われます。

30秒でわかる! ポイント

**一般にはリスク(ターム)・プレミアムが付く**

$$R_n(t) =$$

$$\frac{1}{n} \times (r(t) + E(r(t+1)) + \cdots + E(r(t+n-1)))$$

$$\cdots + \theta_n$$

上の式の $\theta_n$ は、国債に要求されるターム・プレミアムを示しています。$\theta_n$ は n が増えると上昇するとは限りません。また、$\theta_n$ にはその国債の流動性で決まるプレミアムも含まれます。

## ▶04 利回り曲線の傾き

### 利回り曲線は右下がりのことも

利子率の期間構造を**利回り曲線**ということもあります。利回り曲線の傾きは2つの要因で決まります。1つ目は将来の短期金利の予想です（8章02節参照）。

例えば、今後中央銀行が引き締め政策を発動し、短期金利が上がっていくと予想されていると、その上昇のピークの満期までは利回り曲線は右上がりになります。

2つ目はリスクプレミアムです。前節で述べたように、この部分は長期債になるにつれて上昇するとは限りません。どの満期にそこでの投資を選好する投資家がどれくらいいるかによってまちまちです。関連して、最近のように中央銀行が金融政策手段として債券を大量購入すると、買われた満期の債券のリスクプレミアムが低下する可能性があります。

その他、**流動性プレミアム仮説**と呼ばれるものがあります。いったんある投資期間を決めて債券を買った投資家が、急に途中で現金化したくなったとしましょう。

この場合、なるべく最初の値段のそばで売ろうと望みます。8章02節の（3）式を見てください。長期債（nが大）のほうが途中で利回りが動いたときに価格が大きく動きます。

この面からは長期債のほうがリスクが高く、リスクプレミアムは高くなるという考え方が成り立ちます。

30秒でわかる！ポイント

## 利回り曲線の傾きの要因

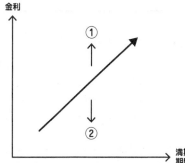

### ①傾きが急になる例
短期金利が上昇するとの予想

### ②傾きが緩くなる例
中央銀行による長期債券の大量購入による
リスクプレミアムの低下

リスクプレミアムは各満期の債券の発行量にも影
響されます。財政当局が長期債（短期債）を多めに
発行すれば、利回り曲線の傾きはそれまでよりも
急に（平坦に）なります。

**⑨ 株価決定の基礎理論**

## ▶01 株価は将来配当の 割引現在価値

### 将来配当にはリスクあり

株価の決定も債券と同様に考えることができます。ある株を売らずに長期間持っていたとしましょう。すると、配当がずっともらえます。これを株式保有の価値だとするとそれはいくらになるでしょうか。8章01節で示したように、将来受け取れる配当の割引現在価値を求めればいいわけです。

右ページの式は、8章01節の（1）式に対応しています。債券の利子の代わりに配当ですが、将来配当は正確にはわからないのでその予想が右辺の分子に入っています。債券と違い、株には満期がないので企業が存続する限り配当を足し続けていかねばなりません。

もう1つ大事なことですが、株の配当が不確実である分を反映したリスクプレミアム $\rho$ を（例えば）1年債利回り $r$ に加えた高い割引率で配当を割り引いています。将来配当はリスクがあるので、確実な利子と比べて平均で同じであっても価値が低いという考え方をするのです。

こうした注意の上で、この式は、現在の株価が将来の予想配当の割引現在価値に等しいことを示しています。この式の右辺を、しばしば**株式のファンダメンタル・バリュー**といいます。これに対して、この式からずれて株価が決まっているときが、バブルが発生している状態です。

30秒でわかる！ ポイント

### 株価の理論式

$$S = \frac{E(d_1)}{1+r+\rho} + \frac{E(d_2)}{(1+r+\rho)^2} + \cdots + \frac{E(d_n)}{(1+r+\rho)^n} + \cdots$$

S：株価

E(d)：配当の予想

r：安全資産の利回り

ρ：リスクプレミアム

配当はある期間をならしてみれば利益から払われるので、この式で得られる数値は「将来利益の割引現在価値」といってもいいでしょう。

# ▶02 株のリスクプレミアムの決定

## 投資家のリスク選好と株のリスク度合いがカギ

この節では、**株のリスクプレミアム**がどう決まるのかを見ていきます。

ここで7章04節を思い出してください。安全資産があり、投資家のリスク・リターン予想が一致していれば皆危険資産については同じポートフォリオを組むことがわかりました。危険資産を株とすると、結局は株式市場全体を各人が何分の1ずつか持つということになります。ですので、M点は株式市場全体の平均収益率と標準偏差を示しています。この理由でM点を市場ポートフォリオと呼んだわけです。やや乱暴ですが、M点は日経平均のようなものです。

しかし、日経平均のリスクプレミアムは（7章04節の図の $\mu_M - \gamma_f$）に決まっていて、M点は動かないので、投資家のリスクに対する態度には無関係のように見えます。これは次のように考えられます。各投資家は、そのリスクに対する態度次第で、日経平均に対する需要を決めます。全部足し合わせると、日経平均に対する需要です。投資家が皆かなりリスクを嫌うなら需要は少なく、日経平均の供給に及ばないかもしれません。すると、日経平均は値下がりして、利回りは上昇します。最終的には、ちょうど日経平均の需給が一致するような位置に機会曲線は移動し、その位置でのM点が「均衡の」日経平均のリスクプレミアムを決めます。リスクプレミアムは、やはり投資家のリスク選好と株のリスク度合いで決まるのです。

**30秒でわかる! ポイント**

## 日経平均のリスクプレミアムの決まり方

投資家のリスク回避度アップ、株価変動リスクアップ

投資家は日経平均を売って安全資産を増やす

日経平均は下落＝利回りは上昇
（機会曲線は上方にシフト）

日経平均のリスクプレミアム
（＝利回りー安全資産の利回り）は上昇

# ▶03 個別株のリスクプレミアム

## 東京と地方の不動産株評価の違い

　個別株の株価も9章01節の式で決まります。それでは**リスクプレミアム**はどうでしょうか。やはり、投資家のリスク選好と個別企業の配当ないし業績のリスクで決まるのでしょうか。

　簡潔に説明するため、すべての所有株が複数の不動産会社株で、それらの不動産会社は各都道府県に立地する不動産を所有しているとしましょう。不動産会社の業績は、日本経済全体が上下することによって動く部分と、人々が日本の中をある県から別の県に移動することによって変動する部分からなるとします。

　この両方のリスクに投資家はプレミアムを要求するでしょうか。

　答えはノーです。投資家は、様々な不動産会社の株を保有することができます。日本内部の人口移動によるリスクは、移動元と移動先の株を同時に保有すれば消えてしまいます。ですからこの部分にはプレミアムを要求しないのです。

　残るのは、日本全体と相関する業績変動です。この部分にプレミアムが要求されます。例えば、東京は日本の平均よりも大きく振れるかもしれません。すると、東京の不動産会社には日本の平均よりも高めのリスクプレミアムが付きます（株価は安めになります）。逆に、日本全体と相関が低いような地方の不動産会社は安全とみなされ、リスクプレミアムは低くなるのです。

30秒でわかる！ ポイント

## 個別株のリスクプレミアムの決まり方
### （キャピタル・アセット・プライシング・モデル）

**不動産会社の業績変動とリスクプレミアム**

| | 人口移動によるリスク | それに対するリスクプレミアム Ⓐ | 日本全体の景気変動によるリスク | それに対するリスクプレミアム Ⓑ | 全体のリスクプレミアム Ⓐ＋Ⓑ |
|---|---|---|---|---|---|
| A県 | ↑↓ | 0 | ↑↓ | 小 | 小 |
| 東京都 | ↓↑ | 0 | ⇧⇩ | 大 | 大 |
| B県 | ↑↓ | 0 | ↑↓ | 小 | 小 |

注

「人口移動によるリスク」は、すべての不動産株を買えば消えてしまうリスクです。

## ▶01 将来の株価変動は予想不能

### 誰にも予想できないその理由とは？

　株を売買したことがある人なら将来の株価変動をうまく予想することを夢見ます。しかし、それは不可能です。

　9章01節の株価の理論式の簡単なケースを考えましょう。仮に投資家の将来配当予想が一定とします。すると、今日の株価はそれを割引率で割った値となります。明日の株価は明日の新しい配当予想を割引率で割ったもので、今日から明日への株価の変化は、その間に将来の配当予想がどう変わったか次第となります。

　あるホテルの業績や配当がそのホテルの将来の予約状況に依存するとしましょう。今日の時点でわかっているすべての予約状況を織り込んだ結果が、今日における将来配当予想です。今日から明日にかけての将来配当予想の変化は、その間に入ってきた新しい予約、例えばある大口客から毎年夏に利用したいとの連絡に依存します。これは今日の時点では予想不能です。もしも、これが今日予想可能であるならば、すでに今日の配当予想に含まれていなくてはいけません。そうではないので、将来配当の変化も、このホテルの株価の変化も予想不能ということになります。

　株価に業績や配当等に関するすべての入手可能情報が各時点で織り込まれている状態を、市場が効率的であるといいます。このとき、株価の変化は予想不能になります。将来を予想したいという投資家の必死な行動が、結局株価の変化を予想不能とするのです。

30秒でわかる! ポイント

## 将来配当や株価の変化は予想できない

### 株価決定の基本式（配当予想E(d)が一定の場合）

$$S = \frac{E(d)}{1+r+\rho} + \frac{E(d)}{(1+r+\rho)^2} + \frac{E(d)}{(1+r+\rho)^3} + \cdots$$

$$= \frac{E(d)}{r+\rho}$$

### 今日から明日への株価変化

明日における配当予想

$$S' - S = \frac{E(d')}{r+\rho} - \frac{E(d)}{r+\rho}$$

S' − Sを今日の時点で予想するには、E(d')−E(d)を予想できないといけないが、将来の配当で今日わかることはすべてE(d)に含まれています。したがってE(d')−E(d)もS' − Sも予想できません。

▶02 | **資産価格を予想できる
ケースとは？**

## 一般論としてはやはり無理

前節で説明した資産価格変動の予見不可能性は、株価と同じように決定される地価や為替レートにも当てはまります。皆、将来の業績、家賃、内外経済の動きの相違など、読み込めることはすでに現在の価格に織り込み済みなので、それ以上に将来を見通すことはできません。

ただし、債券だけは異なります。利子の支払額は前もって決まっていますし、何よりも発行者が倒産しない限り、満期には額面が返ってきます。ですから、満期が近づくにつれて債券価格は額面に接近していきます。それでも長期債価格の短期的な変動には、将来の短期金利やリスクプレミアムの予想の変化から発生する株価同様の読みにくさがあります。

しかし、株価などが完全に予想不能というわけではありません。他人が保有していない重要な情報を持っていれば、それを利用して儲けることができます（**インサイダー取引**）。犯罪ではないですが、**高頻度取引（HFT）**にも似た側面があります。政策変更のようなニュースを受けて注文を出す場合、人間なら最低でも数秒程度を要します。ところが、高度なIT技術を用いてミリ秒単位で取引するプログラムを書いておけば、瞬時に反応して利益を上げられます。ただし、多くのプログラムが類似行動をすると次第に儲けは減少し、ついには消滅します。

**30秒でわかる！ ポイント**

### 価格変動が予想できるケース

**他人の保有しない情報利用**

・インサイダー取引…犯罪
・高頻度取引(HFT)…普及しすぎると儲からない

**多くの人があまり合理的に行動しない時**

・金融危機時のパニック売り(12章05節参照)
・値上がりの傾向だけから株式の買いに参加
(12章04節参照)

> いずれ反転するが、いつかは
> わからないことがほとんど

## ▶03 ノイズとシグナル

### 永遠と課題：シグナルを見極める

2016年11月初めにトランプ大統領誕生が決まった後、12月中旬にかけてじわじわと20円近く円安ドル高が進みました。

この為替レートの動きを後から見ると、予想できたと映るかもしれません。トランプ氏の積極的な財政政策予想に伴って米国金利が上がるであろうことは最初からわかっていたからです。ところが、本当に実行できるのか不透明だったため、急激にドル高が進むことはありませんでした。このように、織り込むのに難しい情報がゆっくり資産価格に織り込まれる結果、一方向に続けて動くことがしばしばあります。

これを市場の効率性に反する動きだというのはやや無理があるでしょう。人々は懸命に情報を収集しようとしますが、不確実性はなかなか消えません。ただ、結果として単純な効率的市場仮説とは異なり、今日の資産価格変動と明日のそれには相関が発生します。それでも各時点で、円安の進行は今日で終わりだという可能性があるため、円売りは少しずつしか起きないのです。

資産価格の動き、あるいはそのベースにある経済の動きには、**一時的ですぐ消えてしまうもの（ノイズ）**と、**長く続くもの（トレンドに関するシグナル）**とが混在しています。多くの場合、この見極めが経済活動で成功するための最大のポイントです。しかし、残念ながらどうすればよいかという一般原則はありません。

30秒でわかる! ポイント

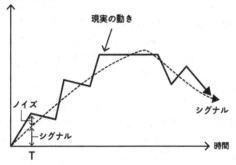

**経済の動きに影響を与えるものとは?**

株価、業績、
経済データなど

現実の動き

ノイズ

シグナル

シグナル

時間

T

現実の動きのどこまでがシグナルでどこまでがノイズかはその時点(T)ではわからないことがほとんどです。

## ▶04 アクティブ運用とパッシブ運用

### 利益を出せるのは、どっち？

　パッシブ運用とは、株であれば日経平均のように市場を代表する銘柄から構成される指数に入っている銘柄をその通りに買うやり方です。これに対して、自ら儲かりそうな銘柄を発掘し、指数よりも高いパフォーマンスを狙う戦略がアクティブ運用です。

　人々はアクティブ運用で高い利益を出すことを夢見ます。しかし、ファイナンス理論的にはアクティブ運用の正当化は簡単ではありません。10章01節で述べたように、将来の株価変動を長期にわたって正しく予想することなど誰にもできません。7章04節で見たように、その人のリスク選好にかかわらずリスク資産（ここでは株）の組み合わせ方は皆同じで、結局指数を買うことにほぼ等しくなるからです。また、そうしていれば、安全資産の金利にリスクプレミアムを乗せた利回りを長期的に稼ぐことができます。

　右表は、運用の先進国であるアメリカの運用成績です。アクティブ運用が指数を上回ることもありますが、運用者が要求する手数料を控除すると指数に負けてしまうのです。これはきわめて一般的な結果です。夢を見る前に、こうした現実を理解しておきましょう。

　ただし、アクティブ運用をする人が皆無だと、市場は効率的ではなくなります。効率的市場からのちょっとしたズレが人々をアクティブ運用に走らせ、平均的には市場は効率化してあまり超過リターンは生じないということでしょう。

**30秒でわかる！ ポイント**

## 米国における
## アクティブファンドの運用成績

|  | 大型株式 | 小型株式 | 債券 |
|---|---|---|---|
| アクティブファンドの収益率 | 7.18 | 5.5 | 5.69 |
| 対応するインデックスの収益率 | 7.81 | 6.98 | 6.5 |
| アクティブ運用の超過収益率 | −0.64 | −1.48 | −0.81 |

(バートン・マルキール氏の著作より著者が作成)

上記の収益率は、1991年から2011年までの20年間の年平均パーセンテージを示しています。また、超過収益率はアクティブファンドの手数料控除後の数値です。

## ▶01 | 先物と先渡取引

### リスクヘッジと投機への活用

　人々は、しばしば事業活動や金融資産投資などから発生するリスクを削減したいと考えます。例えば、輸出企業が輸出は続けつつ、輸出代金が為替レート変動に晒されるリスクを減らしたいなどです。この場合、**リスクをヘッジする**といいます。

　リスクヘッジのためには派生商品がよく用いられます。為替レートを例に取りましょう。現在の時点で、3カ月後に入ってくるドルを円にするレートを決めておくことができます。これは**先渡取引**と呼ばれ、**通常銀行との相対取引**で行われます。例えば、円ドル・レートが、直物だと114円79銭、3カ月先渡レートでは114円34銭だったとします。この先渡レートで3カ月物のドルを売ると、3カ月後にドルを渡すことによって114円34銭で円に換えることができます。

　似た取引に**先物取引**があります。こちらは、取引所取引で6月の特定の日にドルを渡す（もらう）ことによって、もらえる（渡すべき）円の金額を毎日売買で決めるのです。先渡取引との相違は、いつでも反対売買してポジションを解消することができる点です。

　これらの取引は、投機（次節参照）に用いることも可能です。例えば、3カ月後のドルが110円に値下がりすると思えば、今日3カ月先渡取引でドルを売り、3カ月後に直物市場でドルを調達して先渡契約の清算に当てれば、1ドル当たり4円強儲かるのです。

30秒でわかる！ ポイント

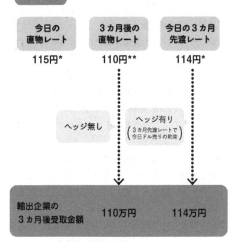

## 先渡（フォワード）取引の仕組み

**3カ月後に1万ドルの輸出代金を受けとる企業**

為替レート

| 今日の直物レート | 3カ月後の直物レート | 今日の3カ月先渡レート |
|---|---|---|
| 115円* | 110円** | 114円* |

ヘッジ無し

ヘッジ有り
（3カ月先渡レートで今日ドル売りの約束）

| 輸出企業の3カ月後受取金額 | 110万円 | 114万円 |

注：　*　今日の時点で確定
　　　**　今日の時点では未確定

## ▶02 投機、カバー取引、裁定取引

### 金融商品売買の3つの動機

**投機**とは、ある資産の価格が一定の方向に動く（値上がりする）ことを前提にポジションを組んで（購入し）儲けようとする行動です。最近新聞などで「投機ではなく投資を」といわれたりしますが、この場合の投資はほとんどが投機です。

前節で登場したヘッジは、資産保有や事業活動から発生するリスクを、派生商品等を用いて削減しようという行動です。似たような取引で実務上ヘッジと区別されるものに**カバー取引**があります。例えば、個人や企業は為替の直物や先渡取引を銀行に持ち込みます。企業からドルを買った銀行は、ドル変動リスクを避けるために、（ある期間の需給をまとめた上で）ドルを売却します。これを「**カバーを取る**」といいます。

**裁定取引**はリスクなしに儲けようという行動です。例えば、ドル金利にロンドンと東京で差があれば、低いほうで借りて高いほうで運用すれば、リスクなしに儲かります。現実にはそうした機会は、取引に何らかの制限がない限り、多くの資金が動いてすぐに消滅してしまいます。ただし、裁定という表現はしばしばもう少しルーズに使われます。例えば、似たような企業で割高に見える株を売り、割安に見える株を買うという場合です。この場合、将来の株価が思惑通りに動くとは限らないのでリスクがあります。それでも裁定という言葉が使われることも多いようです。

# 30秒でわかる！ ポイント

## 3つの取引

### 投機

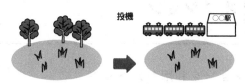

新しい駅ができるので、事前に駅前の土地を購入

### カバー取引

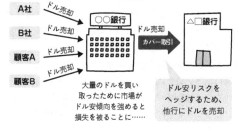

A社 → ドル売却 → ○○銀行
B社 → ドル売却 →
顧客A → ドル売却 →
顧客B → ドル売却 →

○○銀行 → ドル売却 → カバー取引 → △□銀行

大量のドルを買い取ったために市場がドル安傾向を強めると損失を被ることに……

ドル安リスクをヘッジするため、他行にドルを売却

### 裁定取引

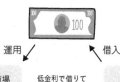

運用 ↙    ↖ 借入

| ロンドン市場 ドル金利 0.05% | 低金利で借りて高金利で運用 | 東京市場 ドル金利 0.025% |

# ▶03 オプション

## オプションを利用したヘッジ

3カ月後に1万ドルの輸出代金の受け取りが見込める企業が、今日先渡取引でそのドルを売っておくと、3カ月後の円建ての受け取り代金は確定します。先渡レートが1ドル110円なら110万円です。しかし、結果的に3カ月後に円高になれば、この取引で得したように思えますが、円安になるとかえって損したという気にもなります。円高の時だけにヘッジ効果が出るようなうまい話はないでしょうか。

**プット・オプション**という派生商品でそれが可能になります。これは3カ月後(あるいは以内)に、ある決まった行使価格(例えば110円)でドルを売る権利です。これを1万ドル分購入し、110円より円高になればオプションを行使して、輸出代金を110円で円に換えます。例えば、105円になれば、何もしなかった場合に比べて、5万円の得です。他方、115円の円安になれば、オプションについては何もしません。直物市場で1万ドルを115円で売ると、先渡取引でヘッジした場合に比べて5万円の得です。いわば円高リスクに対する掛け捨ての保険です。逆に、輸入企業は、円安リスクの掛け捨て保険、**コール・オプション**(ドルを決まった価格で買う権利)を買います。

ただ、保険と同じようにオプションを買うにはお金を払わなくてはなりません。これが**オプション・プレミアム**です。上の輸出企業では、円高にならなければ、このプレミアムは払い損になります。

30秒でわかる! ポイント

## オプションの仕組み

### ドルのプット・オプション

・3カ月以内に1ドルを決まった行使価格(例えば、110円)で売る権利(＝円高に対する掛け捨ての保険)
・オプション・プレミアムを払って購入

### 輸出企業による利用

・3カ月後に1万ドルの輸出代金入金予定
・1万ドルのプット・オプション購入

→ ・110円より円高になれば行使して110万円の収入
　・円安ならオプションは放置し、直物レートで1万ドルを円に変換

## ▶04 オプション価格

### オプション・プレミアムはどう決まる？

オプションは投機に用いることもできます。例えば、ドルのプット・オプションだけを購入すれば、円高に賭けた投機となります。

オプションは、買う人の相手として売ることもできます。購入者が払ったプレミアムが収入です。しかし、ドルが値下がりすればするほど大きく損が出ます。値上がりしてもうまい話はありません。きわめて危ない取引ですが、少々のリスクには耐えることができる一方、ある程度の現金収入が欲しいという投資家向きです（日経平均が大きく下がらない限り、高い金利が付く預金などが代表例です）。

オプション・プレミアムはどう決まるでしょうか。実はオプションはそのリスクが刻々と変化するので、直接に収益の割引現在価値で価格を決めるのは容易ではありません。しかし、例えば、株のコール・オプションと同じポジションは、借入を原資に株を購入することで作れることがわかっています。従って、**オプション価格**は、ある枚数の株の価値から、やはり適切な金額の借入額を控除して求められます。一般式は**ブラック・ショールズの式**と呼ばれます。

**コール・オプション・プレミアム**は、株価が上がったり、将来の株価の予想変動幅が大きくなると上昇します。株価が上がったときにはオプションを行使しますし、下がれば放っておきますから、上がるときに大きく上がる、すなわち、変動幅が大きいほうが価値が高いのです。プット・オプションも同様です。

30秒でわかる！ ポイント

**オプションを組み込んだ商品の例：仕組み預金のカラクリ**

日経平均が５年以内に１万5000円まで下が
らなければ、預金金利は３％、下がると現在の
日経平均からの変化分だけ元本が減少

行使価格１万5000円、期限５年の日経平均に
関するプット・オプション売り

・オプション・プレミアム（の一部）が
　３％の金利収入となる

（オプションの売りなのでとてもリスクの
　高い商品）

## ▶05 派生商品の利用

### 派生商品とリスク・マネジメント

　外国為替の先渡市場での売りのポジションは、外貨での借入を直物為替市場で円に換え、円金利で運用しても作ることができます。つまり、派生商品は実はなくてもいい商品なのです。

　それでも現実に派生商品のポジションを既存の商品で作ろうとすると、複数の取引が必要となり、面倒ですし、コストもかさみます。

　先物やオプションを使って、低コストでリスクをヘッジしたり、逆にリスクをとりに行くことができるようになって、リスクの売買は飛躍的に活発化しました。リスクをそれぞれの人や企業がとれる形に変換する金融の機能が深化したわけです。

　それでは一般の企業は派生商品を用いた**リスク・マネジメント**を積極的に展開すべきでしょうか。人口の流出入リスクに晒されている各地に立地する不動産会社の例で考えてみましょう。人口の流出リスクをカバーするオプションがあったとして、不動産会社がこれを買い、収益の振れを低くすることを株主は歓迎するでしょうか。答えはノー。株主は自分で色々な不動産会社の株を買い、こうしたリスクは消してしまうことができるからです。国内の人口移動リスクではなく、日本経済の変動リスクをヘッジするために不動産会社が日経平均を空売りすることもできます。しかし、これも株主が自分でできることです。それを個別企業が行っても評価されません。

30秒でわかる！ ポイント

## 飛躍的に活発化したリスクの売買

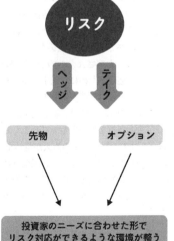

リスクを変換する金融の機能が深化

リスク

ヘッジ　テイク

先物　オプション

投資家のニーズに合わせた形で
リスク対応ができるような環境が整う

## ▶06 リスク・マネジメントの意味

### 派生商品利用が有効なケース

　企業が派生商品などを利用して行う**リスク・マネジメント**はまったく無意味なのでしょうか。市場が不完全だったり、税制などのために何らかの歪みが生じている場合はそうではありません。

　負債がある企業の収益の振れが大きいと倒産のリスクがあります。倒産となると、倒産手続きや債権者との交渉に弁護士費用がかさみます。もっと悪いことに、ネット販売の企業などでは、（倒産のリスクが上昇したというだけで）お客さんが他の企業に逃げてしまいます。こうした余計なコストを避けるために、派生商品などを利用して収益変動のリスクを減らすことには意味があります。

　あるいは税制との絡みです。例えば、ある企業が過去の赤字の結果として今期はある金額の収益までは税金を払わなくていいとしましょう。この企業にはドル建てで輸出代金の流入が見込まれます。あまり、円安になると円建ての収益が増大しすぎて、税金を払わなくてはなりません。このようなとき、輸出代金（の一部）を先渡市場で売却しておけば、円安で税金を払うことになるリスクと円高で収益が減るリスクの双方を軽減できます。

　より一般的に、様々な租税措置に合わせて収益の動きを調整したほうが税引き後収益が上昇する余地があります。このために派生商品はしばしば利用されるのです。

## 30秒でわかる! ポイント

### 先渡取引を利用してリスクを軽減する方法

ドル建て輸出代金

**○×株式会社**

過去の赤字のため、
一定額の収益
までは納税免除

輸出代金(の一部)を
先渡取引で売却し、
納税リスクと
減益リスクの両方を軽減

**急激な円安
発生!!**

▶07 | 企業の財務政策に意味は
ある？

## 企業にとって最適な借入水準はどこか？

　企業が株主にどれくらい配当を配るか（**配当政策**）は、大きな関心を集めます。しかし、今日配当を配らなければ、企業内にその分資産が蓄積され、将来の利益が増え、結局は現在の配当の代わりに将来の配当が増えます。増えた将来配当の割引現在価値は、減った現在の配当と等しいので、株主にはプラスもマイナスもありません。

　企業はその活動に必要な資金調達を**借入**に頼ろうか、**株式の発行**に頼ろうか、しばしば悩みます。しかし、これも株主の立場からは意味のないこと。企業が借入を増やしても減らしても、株主が自分の借入を逆方向に動かすことによって、その自分に対する影響を中立化できるからです。

　現実は市場の不完全性や税制などの歪みがあるため、**配当**や**資本政策**が重要性を持つ場面が存在します。株主と企業との資金運用利回りに相違があれば、配当の水準に無関心ではいられなくなります。

　企業の借入に対する利払いは法人税から控除されるのが一般的ですが、これは借入を有利にします。前節で触れた倒産に伴う費用は借入を不利にします。さらに、借入の多寡は経営者の規律付けとしての意味があるという立場もあります。これらを総合してどこかにちょうどよい**借入水準**があるという考え方が一般的です。

30秒でわかる！ ポイント

## 企業にとって有利な借入と不利な借入

**X銀行**

経営者は
バランスの
とれた借入を
行う必要が
あります

借入

利息は法人税
から控除なので
**有利**

**○×株式会社**

借入

倒産に伴う
費用の借入は
**不利**

**Y銀行**

# ▶01 マーケットメイキング

## 売買を成立させるメカニズム

市場の正常な機能は、様々なインフラや経済主体の行動に依存しています。株や債券価格がきちんと形成されるためには、需要と供給をマッチさせるメカニズムが必要です。代表的なものは、3章06節で指摘したように、取引所です。

投資家の注文を取引所につなぎ、手数料をとる仕事が証券会社などのブローカー業務です。取引所に集まった注文は、あるルールに従ってマッチングされ、次々に執行されていきます。この方式を**オークション方式**といいます。

また、特定の業者に売りと買い注文を提示する義務を負わせる方式が**マーケットメイカーシステム**です。担当業者を**マーケットメイカー**と呼びますが、彼らは、自分でリスクをとって金融商品を売買し、買値と売値の差で儲けます。マーケットメイカーは売り注文も出さないといけないので、金融商品の在庫を持つ必要があります。一方、買い注文を出すためには資金が必要です。マーケットメイカーの義務としてでなくても、金融業者が自らの勘定で商品を売買する業務を、ブローカー業務と区別し、**ディーリング業務**といいます。

取引所に注文を集中させずに、証券会社や銀行などと最終投資家が相対で金融商品を売買するやり方が**店頭取引**です。この場合は、投資家の相手になる業者がマーケットメイキングをしています。

# 30秒でわかる！ ポイント

## 金融取引の形態

### オークション方式

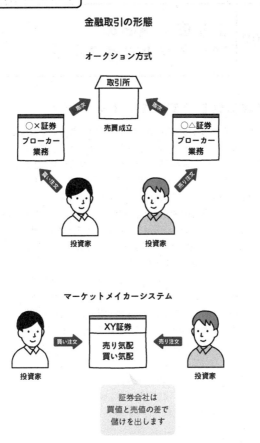

取引所

売買成立

○×証券
ブローカー
業務

○△証券
ブローカー
業務

取次

買い注文

売り注文

投資家

投資家

### マーケットメイカーシステム

投資家

XY証券
売り気配
買い気配

投資家

買い注文

売り注文

証券会社は
買値と売値の差で
儲けを出します

## ▶02 | より広い意味の マーケットメイキング

## 市場流動性を支えているのは誰？

　銀行は外国為替市場で、証券会社は株式市場で、また双方が債券市場でマーケットメイカーの役割を果たしています。これに加え、株や債券が新規に発行される際には、購入者を募る募集・売り出し業務や、売れ残りリスクを自らとる引受業務も行います。これらは主に証券会社の業務ですが、一部公共債などで銀行も担当します。

　ただし、金融資産の円滑な売買を支えているのは、狭い意味での証券会社や銀行のマーケットメイキングだけではありません。

　例えば、年金積立金を運用するファンドが年金の支払いのために、まとまった量の株を売却したとします。この株の価格は、場合によっては一時的にファンダメンタルズを下回るところまで低下します。他方で、ヘッジファンドのような投資家は、常日頃から安いときには買い、高いときには売ろうと神経を張り詰め、一時的と思われる要因で株価が下がると、積極的に買いを入れます。それによって株価はファンダメンタルズと整合的なところまで戻っていきます。

　全体をならしてみれば、ヘッジファンドの買いが年金ファンドに株価を大きくは動かさずに株を売却する機会を与えたということになります。つまり、市場の流動性は、狭い意味でのマーケットメイカーだけでなく、短期での売買を行うディーラー、その他ファンドの活動に支えられているのです。

30秒でわかる! ポイント

## 短期売買のマーケットメイキング機能

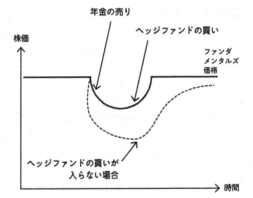

ヘッジファンドの買いが入らないと、株価は長い期間ファンダメンタルズから乖離(年金もなかなか株を売り切れない)します。

## ▶03 マーケットメイキングには資金が必要

## 市場流動性の維持に必要なもの

市場流動性を担保する重要な柱は、マーケットメイカーを含む市場参加者の短期的な売買です。この取引に参加するため、債券市場のマーケットメイカーである証券会社は、売りの準備のために債券の在庫を持たねばなりませんし、債券購入のためには資金も必要とします。このために便利な市場がレポ市場です。

**レポ**ないし買い（売り）戻し条件付き売却（購入）は、資金と債券や株を一時的に交換する取引です。一方からみれば、債券などを担保に資金を借りる取引ですが、相手方にすると、比較的に安全な資金運用の手段であったり、特定の債券などを借りてくる取引となります。

マーケットメイカーは保有していない債券を売る契約をした後、レポ市場で債券を調達したり、債券を買う資金を手持ちの別の債券を担保にレポ市場で借りてきます。現状では、短期金融市場の取引の半分くらいがレポ市場を通じるものとなっています。

例えば、割安株を購入しようとする投資家はやはり資金を必要とします。彼らはレポ市場を使うかもしれませんし、あるいは銀行から借入を仰ぐかもしれません。

レポ市場や銀行貸出を含め、必要なタイミングで資金という意味での流動性調達が円滑に行われて初めて市場流動性も維持できるのです。

**30秒でわかる！ポイント**

### マーケットメイキングとレポ市場

**レポ市場**

| レポ取引 | レポ取引 |
|---|---|
| ・債券の貸出 | ・債券の借入 |
| ・資金の借入 | ・資金の貸出 |

**マーケットメイカー**　　　　**マーケットメイカー**

| A社 | B社 |
|---|---|
| ・債券の購入 | ・債券の売却 |
| ・代金の支払い | ・代金の収入 |

債券売却　　　　　　　　　　　債券購入

投資家　　　　　　　　　　　　投資家

## ▶04 投機と資産価格の安定性

### 投機は諸刃の剣

　マーケットメイキング、より広くディーリング、さらに一般的に安く買って高く売ろうとする市場参加者の行動は**投機**に当たります。

　昔から「投機は資産価格を安定化させるか」というテーマとして何度も議論されてきた点です。経済学者の**ミルトン・フリードマン**は、投機の持つ安定化効果を強調しました。投機で儲けるためには安く買って高く売らねばなりません。したがって、安いときには買いが入って資産価格を引き上げ、高いときは逆になります。つまり、資産価格は投機がない場合に比べると安定化しそうです。

　しかし、必ずそうなるとは限りません。株価が上がったときに、もっと上がるという期待が生まれたらどうでしょうか。もちろん、企業業績に関する良いニュースが次々に出てくるという場合ならファンダメンタルズに沿った動きです。しかし、株価の上昇自体が次の上昇の期待を生み出すとすると、株価はかえって不安定化してしまいます。資産価格がファンダメンタルズから乖離し、バブルが発生することになります。これは狭い意味の効率的市場仮説には反する動きですが、現実にはありえない可能性ではありません。

　どちらの可能性を重視するかによって、投機あるいはディーリング行為に対する政策的な判断も分かれてきますが、特定の立場にくみするのはなかなか難しく、金融をめぐる本質的な論点の1つです。

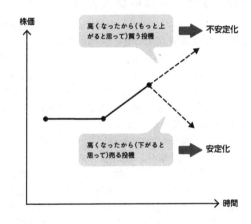

**30秒でわかる！ ポイント**

**投機の安定化機能**

**株の動き**

株価

> 高くなったから（もっと上がると思って）買う投機

➡ 不安定化

> 高くなったから（下がると思って）売る投機

➡ 安定化

➡ 時間

**→ ミルトン・フリードマン（1912-2006）**

アメリカの経済学者。新自由主義思想を発展させた。1976年にノーベル経済学賞を受賞。母校であるシカゴ大学で長年教鞭をとった。シカゴ学派の代表格。

## ▶05 市場発の金融危機

### 「投げ売り」が起きるのはどんなとき？

金融市場における一部のプレーヤーは銀行に近い財務構造を持っています。例えば、生命保険会社は解約可能な貯蓄型保険商品を売る一方で、資金を貸出や長期債券で運用しており、解約がかさむと対応が困難になる可能性があります。また、一部の投資信託、例えば米国のMMFなどは、購入者側は元本が保証されているものと認識していたため、2008〜09年にかけて保有する債券などが値下がりする中で解約が相次ぎ経営危機に陥りました。

より一般的に、市場発の金融危機が起こるパターンは、一部の商品について多くの参加者が似かよったポジションをとっているところへ、その商品価格が急落するような環境変化により、**投げ売り（ファイアー・セール）**が起こる場合です。市場で売買される商品は価格下落が誰の目にも見えやすいため、不安心理の波及も速やかです。

保有する資産の下落は、自己資本の目減りにつながり投資家のリスクテイク能力を低下させ、別の商品の投げ売りにつながります。投資家のレバレッジが高いと、自己資本消失のペースは速まり、さらに銀行も巻き込まれると、価格が下がった商品を買うための流動性調達もままならなくなるのです。こうなると、危機は深刻かつ長期化する恐れが生じます。最後は中央銀行が市場参加者に融資したり、自ら金融商品の購入を行い、危機の沈静化に動き出します。

30秒でわかる！ ポイント

## 金融危機のカラクリ

### ある日、金融商品Aの価格が急落

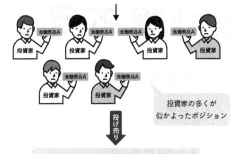

投資家の多くが
似かよったポジション

投資家のリスクテイク能力の低下

別の金融商品の投げ売りを誘発

高いレバレッジをかけている
投資家の自己資本比率が急落し、
取り付けにあう

銀行も巻き込まれると、下がった商品を
買う資金も融資されなくなる!!

# 第 3 部

# 金融論応用

## 【第3部で知っておきたい金融用語】

### ▼インフレ目標

金融政策の最大の目標である物価の安定を、インフレ率の数値で示すこと

### ▼金融政策の波及経路

金融緩和策は中央銀行が短期金利を引き下げ、これが長期金利、為替レート、株価などに波及、さらに投資や消費を刺激することによって、徐々に物価を引き上げる

### ▼非伝統的金融政策

短期金利がゼロ近辺となり、それ以上の引き下げ余地が限定的になった後、将来の短期金利予想を制御したり、長期債、株式などを大量に購入して刺激効果を狙う緩和政策

### ▼購買力平価説

為替レートが自国と外国の物価の動きを打ち消すように変動するという仮説

### ▼国際金融のトリレンマ

自律的な金融政策、自由な国際資本移動、安定的な為替レートのうち、最大2つまでしか手に入れることができないという経済原則

### ▼最適通貨圏
通貨を共通化することが望ましい地域（国々）の最適な規模。地域内の労働移動の可能性、財政政策の協調の可能性などで決まる

### ▼バーゼルⅢ
1988年に最初に策定された国際的に活躍する銀行に対する自己資本比率規制を中心とする金融規制の第3版。2007年以降の金融危機を契機とし、2027年初完全実施予定

### ▼ボルカー・ルール
預金取扱銀行に対して自らの資金で有価証券のディーリングやヘッジファンドなどへの出資を行うことを禁止する金融規制

### ▼シャドー・バンキング・システム
伝統的な預金受入銀行以外の金融機関が行う金融仲介のこと。証券・保険会社、投資信託、その他の資産運用会社などが含まれる

### ▼分散型元帳
金融商品や不動産などの取引の記録を集中的に管理するのではなく、インターネット上で複数のコンピューターで分散して管理する技術。ビットコインは1つの応用例

### 13 金融政策

## ▶01 │ 中央銀行の目標

### インフレ率の低位安定化

高率のインフレーションが進行すると、人々は貨幣を保有しようとしなくなります。すると、貨幣を仲介にした交換はうまくいかず、経済全体の効率が落ちます（1章03節参照）。

物価の不安定さがもたらす別の悪影響も無視できません。住宅を買う人は、長期の借金をします。3％の固定金利で20年の借金をしたとしましょう。この人は、自分の給与が年4％ずつくらい上がると予想し、返済が十分可能だと計算していました。しかし、その後経済がデフレになり、給与もほとんど上がらなくなれば、借金の返済は滞ってしまう可能性が高まります。

逆に、高率のインフレになればどうでしょうか。給与は6％も7％も上がって返済は容易になります。しかし、お金を貸してくれた銀行にとっては実質金利（利子率−インフレ率）がゼロかマイナスになり、仮に預金の金利が急上昇していれば、困った事態になります。

つまり、予想外のデフレ・インフレは資産の貸し借りの障害となるので、インフレ率は安定していることが望ましいのです。

中央銀行が、次節以降説明する様々な手段を駆使して、経済を動かすことを**金融政策**といいます。昨今、多くの国における金融政策の最大の目標は、貨幣価値を安定的に保つこと、より具体的には**低率のインフレ率で安定させること**と定められています。

**30秒でわかる！ ポイント**

### 予想外のデフレ・インフレと資金の貸し借り

**デフレの影響**

Aさん(38歳)

住宅ローン(20年、金利３％)
給与の年伸び率４％を想定

ところが、デフレが発生し、
給与の上昇は望めず……

**返済不能に陥る
危険性が拡大！**

**インフレの影響**

Bさん(38歳)

住宅ローン(30年、金利３％)
給与の年伸び率３％を想定

ところが、インフレが
発生し、給与が６％上昇！

**Bさんの返済は楽になるが、
銀行にとっては預金に対する
利子が上昇し、大きな負担に！**

▶ 02 | **金融政策の波及経路**

## 中央銀行はいかにインフレ率を制御するのか？

　中央銀行は、次節で説明するような手段を用いて短期金利を決めます。同時に、将来短期金利をどうしたいのか（下げたのなら続けて下げたいのか、ゆっくりか急いでか）を含め、将来の政策運営の基本方針について何らかの表明をします。これらが市場における将来の短期金利予想に影響を与え、別に決まっているリスクプレミアムとともに長期金利が決まります（8章03節参照）。他方、中央銀行の情報発信は何らかの影響を人々の期待インフレ率に与えるかもしれません。両者から実質金利が決まります。

　インフレ率を上げたいときは**金融を緩和（短期金利の引き下げ）**します。上のようなメカニズムで、実質利子率が自然利子率に比べて下がると、財・サービスに対する需要が増えます。ここは、自然利子率が設備投資の対象となる機械などの生産性で左右されることを思い出せばわかりやすいでしょう（2章04節参照）。生産性よりも金利が下がるので、お金を借りて投資しても儲かることになり、投資が促進されるのです。住宅投資、自動車などの耐久消費財消費も金利が下がると促進されます。

　やや別の波及経路として、右図にあるように金利低下が自国通貨安や株高を引き起こすことによるものがあります。以上のどれかを通じて景気がよくなると、賃金そしてインフレ率に上昇圧力がかかります。

30秒でわかる！ ポイント

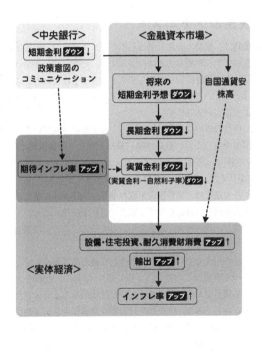

**金融緩和政策がもたらす効果**

&lt;中央銀行&gt;

短期金利 **ダウン** ↓

政策意図の
コミュニケーション

&lt;金融資本市場&gt;

将来の
短期金利予想 **ダウン** ↓

長期金利 **ダウン** ↓

実質金利 **ダウン** ↓
（実質金利－自然利子率） **ダウン** ↓

自国通貨安
株高

期待インフレ率 **アップ** ↑

&lt;実体経済&gt;

設備・住宅投資、耐久消費財消費 **アップ** ↑

輸出 **アップ** ↑

インフレ率 **アップ** ↑

# ▶03 短期金利のコントロール

## 金利決定のメカニズム

**短期金利**は、短期の資金を融通しあうコール市場などの短期金融市場で決まります。市場参加者は金融機関で、その日資金が余っている銀行が足りない銀行に資金を貸します。金利を上げたいときには、中央銀行は余っている銀行が貸しただけでは足りない銀行が十分調達できないように追い込みます。

右表に典型的な中央銀行のバランスシートが示されています。中央銀行が国債を買ったり、金融機関に貸出をする（**資金供給オペ**）と、どこかの銀行の中央銀行預け金が増えて**ベースマネー**が増大します（相手の銀行では、準備預金が増えて国債が減ります）。

さて、日々銀行は、準備預金を取り崩し中央銀行券に換えて、預金者の現金引き出しに対応します。家計・企業が納税すると、やはり準備預金が減り、政府預金が増えます（もちろん、逆方向の取引もありますが）。

金利を動かしたくないときは、こうして減る準備預金の分だけ、資金供給オペを実行するのです（4章02節）。反対に、金利を上げたいときは、準備預金が必要額より少し不足気味になるようにします。ある期間をならしてみると中央銀行は必要な準備預金を結果的に供給するのですが、銀行は最後まで待っているわけにもいかないので、上記のメカニズムで金利が上昇します。

**30秒でわかる！ ポイント**

## 中央銀行のバランスシート

| 資産 | 負債 |
|---|---|
| 国債 | 中央銀行券 ⎫ ベースマネー |
| その他有価証券 | 準備預金 ⎭ |
| 金融機関への貸出 | 政府預金 |
| 外貨準備 | 自己資本 |

# ▶04 テイラー・ルール

## 短期金利の適切な水準

　1990年代前半に経済学者のジョン・テイラーは、その少し前までの米国の中央銀行（連邦準備制度、以下FED）の金利設定が、簡単なルールで近似できることを示しました。それは、短期金利を長期的には自然利子率と目標インフレ率で決まる水準に誘導しつつ、短期的には、インフレ率が目標を上回れば上昇させ、景気が悪化して失業率が上昇すれば低下させるというルールです（右式）。当初、テイラーはパラメーターa、bがだいたい0.5だと分析しました。

　さらには、その後の理論的な研究で、いくつかの仮定を置いた場合に、このルールが最適な金利水準を決めるルールであることも判明しました。

　1つ重要なポイントは、インフレ率が上昇したときの金利の上げ幅です。式を見れば、金利は（1＋a）＞1、つまりインフレ率が上がった以上に上げないといけないことがわかります。そうでないと、実質金利（名目金利－インフレ率）が下がってしまい、景気の上昇を抑えられないからです（本章02節の図を参照）。

　テイラー・ルールにはどの国の中央銀行も強い関心を払っていますが、自然利子率、自然失業率、パラメーターa、bなど容易には決めがたい値次第ですので、政策決定に際しては、多くの場合、参考程度の材料にしかなりません。

30秒でわかる！ ポイント

## テイラー・ルールによる
## 短期金利決定

> 短期金利＝
> 自然利子率＋インフレ率
> ＋a×(インフレ率－目標インフレ率)
> －b×(失業率－自然失業率)

a>0, b>0、自然失業率は長期的な失業率の水準

現在の米国に大まかに当てはめると、自然利子率
0.4%(サンフランシスコ連銀推計)＋インフレ率
1.6%(コアPCEデフレーター)＋0.5×(1.6%－
2.0%)－0.5×(0%(大体、失業率＝自然失業率))
＝1.95%となります。これに対して現実の政策金
利は1.75～2.0%です。(2020年1月現在)

▶05 インフレコントロールの歴史

## 米国や発展途上国を悩ませた深刻なインフレ

　中央銀行が**インフレ率の低位安定化**を最大の目標として行動するようになったのは、そう古いことではありません。

　いい例が米国です。右グラフには1960年代以降の米国と途上国の消費者物価指数のインフレ率が示されています。米国では60年代半ばから社会保障の充実、ベトナム戦争などの出費がかさみ上昇基調にあったインフレ率をFEDが十分抑えなかったため、1970年代終わりにかけて10%を超える深刻なインフレに悩まされました。これは、国際金融制度にも大きな影響を与えています（16章03節参照）。

　その後任命されたボルカー議長の下で、強力な金融引き締めが発動されてインフレ率は急低下し、80年代後半以降もインフレ抑制に重点を置いた金融政策運営の結果、インフレ率は低位で安定を続けています。

　発展途上国では、財政政策との絡みが1980年代から90年代にかけてより深刻となり、一部の国では1000%を超えるようなハイパーインフレが発生しました。しかし、その後は先進国に倣ってインフレ抑制に重点を置いた政策運営がなされるようになり、インフレ率は現在のところ落ち着いています。

　以上からわかるように、最近の金融政策の歴史は**インフレーションを抑え込むこと**に主な重点がありました。後で議論するようなデフレを食い止めるという経験はほとんどしてこなかったのです。

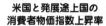

30秒でわかる！ ポイント

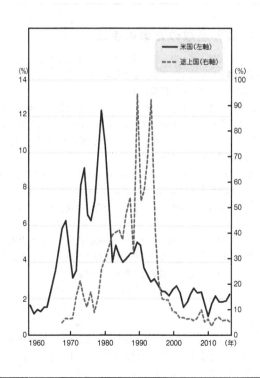

米国と発展途上国の
消費者物価指数上昇率

▶06 | **補論：金融政策に関する
伝統的な用語**

## 政策目標と達成のための手段

金融の世界では、インフレ率の低位安定化のような政策の究極の目標を**最終目標**といいます。この達成のため、中央銀行が上下させる短期金利のような変数を**操作目標**と呼びます。

操作目標を望ましい水準に誘導するために、中央銀行は様々な手段を用います。典型が**公開市場操作**です。市場で国債を購入して、金融システムにある資金の量を増やしたり、逆に手持ちの国債を売却して、資金量を減らしたりするのです。

資金量の調節には、銀行への貸出も用いられます。貸出の利率が、伝統的には**公定歩合**と呼ばれ、金融政策の中心になった時代もあります。他の金利が規制で自由には動かず、公定歩合連動だったことがその原因でした。

現在では中央銀行が適格と認めた担保の範囲内で、決められた利子率（これまでの公定歩合）で受動的に資金を貸し出すケースが増えてきています。日銀の場合は**補完貸付制度**と呼ばれています。

他方、中央銀行預金の一部にはゼロでない金利を付与することもあります。そうすると、コールレートなどの市場金利は、この両者の中間に位置することになります。市場金利が公定歩合を上回（下回）れば、中央銀行から借りて市場に資金を放出するからです。中央銀行はこの2つの金利を上下させることによって、オペレーションによらずに短期金利を操作できるようになりつつあります。

30秒でわかる！ ポイント

## 金融政策用語

**最終目標**

究極の金融政策目標。インフレ率を低い水準で
安定化させる

**操作目標**

最終目標を実現するために用いられる
コールレート、手形売買レートなどの短期金利

**公開市場操作**

操作目標を調節するための手段。国債の売買や
銀行への貸出などによって市場にある資金量を
調整する

**公定歩合**

銀行への貸出利率

**補完貸付制度**

中央銀行が認めた担保の範囲内で金融機関が
中央銀行から資金を借りられる制度

## ▶01 デフレの出現

### デフレの問題点

1990年代後半以降の日本で、予期せぬ出来事が起こりました。右グラフにあるように、インフレ率が**マイナス（デフレ）** になってしまったのです。ただし、デフレといってもせいぜい1％から1.5％のマイルドなデフレであり、19世紀や20世紀前半にはもっと深刻なデフレが発生しています。しかし最近では、右グラフに示されているように米国やユーロ圏はデフレを経験していません。

デフレは悪いことでしょうか。インフレと異なって、貨幣価値が下落して金融の根幹を揺るがすということはありません。ただし、インフレ率が不確定で貯蓄や投資の意思決定をかく乱するという問題はあります（13章01節参照）。加えて、デフレがどんどん進むと、債務者は苦しい立場に追い込まれ、彼らが支出を抑えることでさらにデフレが加速（**デフレスパイラル**）する恐れもあります。

最近のようなマイルドなデフレの大きな問題は、中央銀行の金融緩和余地が狭まることです。自然利子率が1％でインフレ率が2％なら、名目金利は長期的に3％です。そこから出発して3％分、金利を引き下げる余地があります。しかし、インフレ率が0％なら、名目金利は1％で、金利引き下げ余地はきわめて限定的です。

物価安定とは本来は0％のインフレ率でしょうが、以上のような理由もあって多くの中央銀行は2％程度のインフレ率を目標としています。

30秒でわかる！ポイント

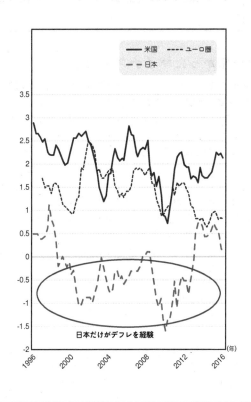

**消費者物価指数上昇率**
**（食糧・エネルギー除く）**

# ▶02 ゼロ金利の壁とマイナス金利

## 評判が悪かったマイナス金利政策

欧州の中央銀行や日本銀行もここ数年**マイナス金利（中央銀行預け金の金利をマイナスにする）政策**を実施しました。しかし、その結果はあまり芳しいものではありませんでした。その根本的な理由は現金の金利がゼロであることです。預金金利も含めた様々な金利がマイナスになると、預金者はそうした資産からお金を引き上げて現金で保有しようとするでしょう。銀行は資産運用どころではなくなってしまいます。

というわけで、マイナス金利を実施した国でもなかなか大規模には預金金利を引き下げることはできていません。他方、一部の金利がマイナスになると、貸出金利も追随して低下します。したがって、預金と貸出の金利差が縮小するばかりで、銀行業務は儲からなくなってしまいます。

デジタル通貨などの技術革新を使って現金の金利をマイナスにしたらという提案もあります。しかし、どうでしょうか。何度も指摘したように、貨幣は価値が安定しているという安心感から保有されています。その価値がマイナス金利でどんどん下落していくとなると、貨幣への信認は大きく低下するのではないでしょうか。ちょうど高率のインフレが起こす問題を、現金のマイナス金利で引き起こすことになる恐れが生じます。

30秒でわかる！ ポイント

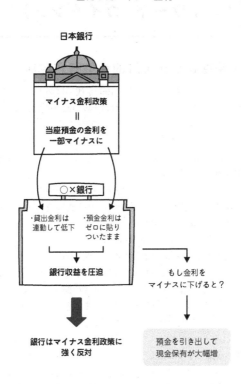

## 「現金・預金金利＝ゼロ」の壁に
## 当たったマイナス金利

日本銀行

マイナス金利政策
＝
当座預金の金利を
一部マイナスに

○×銀行

・貸出金利は
　連動して低下

・預金金利は
　ゼロに貼り
　ついたまま

**銀行収益を圧迫**

もし金利を
マイナスに下げると？

**銀行はマイナス金利政策に
強く反対**

預金を引き出して
現金保有が大幅増

# ▶03 時間軸政策 (フォワード・ガイダンス)

## 日銀が発見した非伝統的金融緩和政策

日本では、バブル崩壊に対応し、1990年代半ば過ぎには、短期金利はほとんどゼロにまで引き下げられ、一段の低下の余地はほとんどなくなってしまいました。他方、デフレの進行が始まりつつあり、一段の緩和が求められる状況に陥ります。そこで短期金利引き下げ以外の手段での経済刺激が試みられたわけです。これを総称して**非伝統的金融緩和政策**といいます。

日銀が考えたことの1つは、短期金利が下がらないのであれば、財・サービス需要へ直接影響する長期金利（10年物国債利回り）を下げようということ。事実、右グラフで示されているように、こちらは90年代後半でもまだゼロまで距離がありました。

長期金利の1つの決定要因は将来の短期金利の予想です（8章02節参照）。現在の短期金利がゼロでも将来何年もゼロだと投資家が予想しているとは限りません。そこである程度の期間、あるいは適当な条件が満たされる（デフレが終焉する）まで短期金利＝0％を続けると約束すれば、長期金利が下がって経済にプラスの影響が出るのではないかと考えたわけです。この政策は、1999年4月に導入され、後に**時間軸政策**と呼ばれるようになりました。

欧米では日本に10年以上遅れて同種の政策が用いられるようになり、**フォワード・ガイダンス（将来の「予想」を導く）政策**という名が付けられています。

**30秒でわかる！ ポイント**

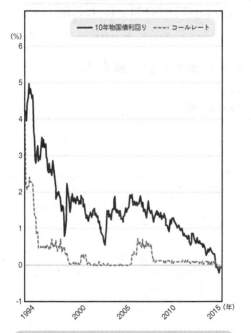

### フォワード・ガイダンス政策
### 導入後の金利の動き

凡例：
— 10年物国債利回り
---- コールレート

(%)
縦軸: 6, 5, 4, 3, 2, 1, 0, -1
横軸: 1994, 2000, 2005, 2010, 2015 (年)

この政策の効果もあり、上グラフにもあるように長期金利はその後大きくは上がらず、むしろ下がり続けましたが、それだけではデフレはなかなか止まりませんでした。

▶04 | 量的緩和政策（QE: Quantitative Easing）

## なかなか効かない量的緩和策

　金利があまり下げられないならマネーの量を拡大してはどうかというのが**量的緩和政策**です。

　長期金利の決定式（8章02節）を見てみましょう。時間軸政策は、その右辺第1項（将来の短期金利予想）に働きかけるわけですが、もう1つの方法はリスクプレミアムを下げることです。中央銀行という大きな主体が長期国債をどんどん買えば、長期金利は下がります（＝国債の価格が上昇する）。結果として、ベースマネーも増えます。これが日銀も含めて多くの中央銀行が採用した長期国債の大量購入策です。その目的は、長期金利を下げることでした。

　このほか、その国それぞれの事情に応じて社債、株式、REIT、コマーシャルペーパー、資産担保証券などが、中央銀行によって購入されました。多くは中央銀行が普段買わない資産です。長期国債は普段から中央銀行が購入していますが、ここ10〜20年間のように大量に購入するのは滅多にないことです。

　こうした異例の資産購入を行い、購入した資産価格を上げ（金利を下げ）、総需要刺激を狙う量的緩和政策を **QE2** と呼ぶことがあります。QE2というのは、その前に **QE1** があったからです（14章06節参照）。ちなみに日本では、長期金利がほぼゼロになるまで長期国債購入を続けましたが、インフレ率は目標（2％）に届いていません。

30秒でわかる！ ポイント

## 中央銀行による異例の施策

異例の
資産購入

日本の場合、様々な刺激策を行ってきましたが、
目標であるインフレ率2％を
いまだ達成できていません

## ▶05 | 貨幣の中立性と量的緩和政策

### 貨幣の中立性はもはや成立しない!?

　一部の量的緩和論は、**貨幣の中立性**という考え方に基づいています。理屈は簡単で、物価は貨幣とモノの交換比率だと考えれば、貨幣の量が2倍になれば、物価は2倍になるだろうという推論です。

　実際、日銀は1990年代後半以降、そして2012年以降と大幅にベースマネーを増やしました。右グラフにあるように、ここ25年程度でベースマネーは10倍以上になっています。しかし、物価はまったくといっていいほど上がっていません。少なくともここまでのところ、単純な量的緩和論（QE 0とでも呼べましょうか）は事実と反しているわけです。欧米についても似たような図が描けます。

　なぜ、マネーが増えても物価は上がらないのでしょうか。単純に考えると、マネーが増えると購買力が増えるように思えます。しかし、マネーを増やすといってもお金をばらまくわけではないのです。

　例えば、国債と交換にマネーを増やしても、マネーをもらった人の購買力は増えず、単に国債が流動性の高い資産に替わるだけです。通常はその過程で金利が下がり支出を刺激します。しかし、ゼロ金利周辺ではこのメカニズムが働かないのです。貨幣の中立性が成立しないような状態に経済が陥っていると考えざるを得ません。

　これに加えて、2章05節で議論したような長期停滞論的な要素が物価上昇を阻んできました。

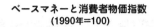

30秒でわかる！ ポイント

### ベースマネーと消費者物価指数
### (1990年＝100)

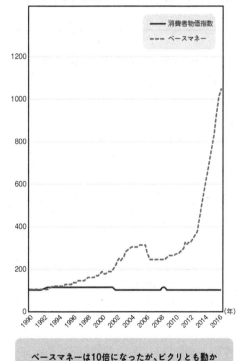

ベースマネーは10倍になったが、ピクリとも動かない物価。

## ▶06 金融不安と非伝統的金融政策

### 幅広い主体への融資を行う中央銀行

1990年代後半以降の日銀や2008年以降の日米欧の中央銀行が行った非伝統的金融緩和策のかなりの部分は、デフレ対策というよりはそれぞれの事情ではじけたバブルによる金融不安を抑えようとする政策対応でした。14章01節で見たようにこの時期デフレに陥ったのは日本だけです。

QE2の話をしましたが、社債の金利がほぼ正常に付いていても、デフレなので設備投資を刺激しようと社債を中央銀行が買えば、これがQE2に該当します。これに対して、2008年から10年にかけては、金融不安が広がり、リスク資産を購入する投資家が激減、リスクプレミアムが異常なまでに拡大しました。そこでかなりの中央銀行が市場を正常化しようと社債を購入したわけです。狙いは**金融不安の沈静化**でした。この種の資産購入（さらに結果としてのベースマネーの拡大）を時々QE2と区別して、**QE1**と呼びます。

QE1は金融不安の沈静化にかなり有効でした。リスク資産の直接購入による価格支持もそうですが、リスク資産市場のプレーヤーへの中央銀行融資が大きな役割を果たしました。これは広い意味の「**最後の貸し手機能**」の発揮ともいえます。伝統的には、銀行への貸出ですが、最近の金融危機では幅広い主体への融資を中央銀行が実施しています。

**30秒でわかる！ ポイント**

**金融危機時に大きな役割を担う中央銀行**

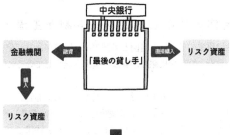

結果として上昇した
リスクプレミアムが低下

金融不安の沈静化・
経済の下支え

## ▶01 | 変動レートと固定レート

### 世界全体を見ると固定レート制が主流

　国際金融現象の多くは、自国と外国の間に国境があり、その両側では異なる政府、特に中央銀行が異なる貨幣を発行していることから発生します。

　その代表が、自国と外国の貨幣の交換比率である為替レートの変動です。例えば、円ドル・レートは戦後1971年の初めまで1ドル＝360円に固定されていました。固定レートといっても、法律で決まっているということではなく、毎日（日本から見れば）外国為替市場におけるドルに対する需要と供給で為替レートが決まっていたわけです。ただし、1ドル＝360円から上下に0.75％乖離すると、日本の通貨当局がドルの買いないし売りの注文を出してそれ以上の乖離を抑えていたのです。このような操作を**外国為替市場への介入**といいます。

　変動レート制は、当局が外国為替市場に介入せず、為替レートの動きを市場に任せる制度ですが、世界全体を見ると固定レート制が主流です。

　両者の中間として、基本的には変動レート制をとりつつ、レートが大幅に動いた場合に介入が実施される国（日本他多数）や、為替レートを金融政策の操作目標として当局が誘導している国（シンガポール）なども存在します。

30秒でわかる！ポイント

## 主要国際通貨

| ● 日本 | ■ 米国 |
|---|---|
| 日本円　：JPY(¥)<br>中央銀行：日本銀行 | 米ドル　：USD($)<br>中央銀行：FED(連邦準備<br>制度) |

| ○ EU | ⚹ イギリス |
|---|---|
| ユーロ　：EUR(€)<br>中央銀行：欧州中央銀行 | 英ポンド：GBP(£)<br>中央銀行：イングランド<br>銀行 |

| ⚹ 中国 | ✚ スイス |
|---|---|
| 人民元　：CNY(¥)<br>中央銀行：中国人民銀行 | スイスフラン：CHF(SF)<br>中央銀行：スイス国立銀行 |

## ▶02 為替レートはどう決まる？
## その1

### 経常収支、購買力平価説、safe-haven仮説

輸出業者はドルを受け取って売却し、輸入業者は逆をします。財とサービスの輸出から輸入を引いたものが**貿易サービス収支**で、さらに自国の居住者が保有する外国資産の利子・配当を加えたものが**経常収支**です。これがプラス（黒字）だと通貨高に、逆は通貨安になる傾向があります。

輸出入の最も重要な決定要因は**価格競争力**です。インフレで物価が上がった国の生産物は価格競争力を失い売れなくなります。経常収支は悪化し、通貨安要因になります。この考え方を徹底させて、ちょうど内外の物価（インフレ率）格差を打ち消すように為替レートが決まるという考え方を**購買力平価説**といいます。

右グラフでは円ドル・レートを日米の相対的な物価水準の動きと比較しています。30年強という長期で見ると両者に相関がありそうですが、5年や10年程度ではほとんど何の相関もなさそうです。

金融危機などが起こると、投資家がリスク回避を強め、国境を越えて資金が流れにくくなります。すると、外国にお金を貸している国（＝経常収支黒字国）は立場が強くなります（16章05節⑤式参照）。あるいは、過去の黒字で外貨をたくさん持っている国、日本やスイスは、投資家に信頼され、資金が集まりやすく、通貨高になりがちです。こうした考え方を**safe-haven仮説**といったりします。

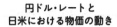

30秒でわかる！ ポイント

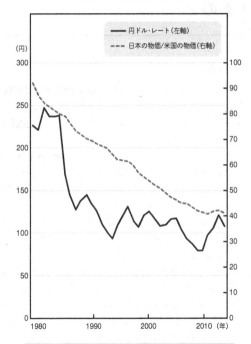

円ドル・レートと
日米における物価の動き

相対物価と為替レートは長期では若干の相関が見
られるが、短期ではほとんど無関係。

# ▶03 | 為替レートはどう決まる？ その2

## 内外金利差

為替需給を決めるもう1つの要因は、**内外（金融）資産の売買**です。日本人が米国債を、あるいは外国人が日本の株を売買すると、為替の売買が発生します。統計では、以前は資本収支、最近では**金融収支**（＝資本収支×－1）と呼ばれるところに現れます。

国境を越えた資産売買の大きさを決めるのは、**内外資産の収益率格差**です。米国の金利が日本のそれに比べて上昇すれば、日本の投資家は米国債を買おうとしてドル需要を強め、結果としてドル高円安となります。

内外金利差は短期でも為替レートに影響すると考えられるため、右グラフではあえて短期間の月次のデータをとっています。為替レートと内外金利差の関係は、ところどころあるという程度でしょうか。

難しいのは、内外資産の収益率格差を決める要因の1つは**為替レートの予想変化率**だということです。ドルが将来強くなると思えば、いまドル資産を買うことが有利となり、結果的にドル高になります。例えば、FEDが向こう2年間に2％金利を上げるということが多くの人に予想されてしまうと、現在大幅にドル高になり、現実の利上げのときには市場はほとんど反応しません。結果的に、金利差との相関ははっきりしなくなります。これらは、他の資産価格にも共通の特徴です。

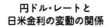

30秒でわかる！ ポイント

### 円ドル・レートと
### 日米金利の変動の関係

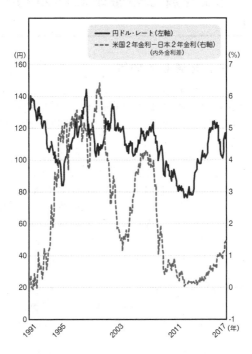

金利差と為替レートには若干の関係が見られます。

# ▶04 開放経済での金融政策の効果

## 為替レートを通じる効果

　変動レート制下の開放経済での金融緩和は、国内金利の低下を通じて自国通貨安を引き起こします。これが、輸出を刺激（輸入を抑制）し、景気を良くするとされます。つまり、**開放経済での金融緩和政策**は通常かなり有効なのです。

　しかし、注意が必要です。金融緩和が自国通貨安を引き起こすということは、外国にとっては通貨高を意味します。ですから、一国の金融緩和は他の国にとってはあまり歓迎すべきことではないのです。

　ひどい場合は、一国が金融緩和をして自国通貨安にすると、他の国も通貨高を避けようとして金融緩和をし、それがさらに第三国に波及する場合がありえます。全体的に金利が下がるのは景気にはプラスですが、為替レート変化の影響はゼロサム・ゲームのようになってしまいます。

　実は2008年以降の主要国の金融緩和にはこうした面があります。右グラフを見てください。2008年から09年にかけて各国が争って金融緩和を進めたことがわかります。もちろん、金融危機が急速に波及したからですが、裏では為替レートへの配慮もあったと思われます。金利引き下げの余地がすでにほとんどなかった日本は円高による景気下押し圧力に見舞われました。

30秒でわかる！ ポイント

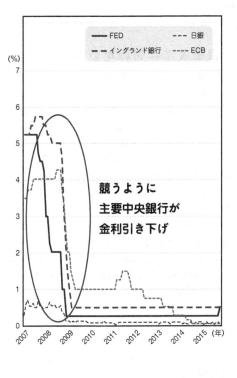

**各国の短期金利**

競うように
主要中央銀行が
金利引き下げ

## ▶05 国際金融のトリレンマ

## 政策の自由度には制約がある

　前節では変動レート制下での金融政策の効果を議論しました。これが固定レート制だったらどうでしょうか。

　中央銀行が金融緩和のために、短期金利を下げたとします。すると、外国金利との差が生じ（あるいは広がり）ます。為替レートの変動はないと考えられる場合、主に内外の金利差が内外資産への相対的な需要を決めます。金利差が広がったままだと、大量の資金が自国から外国へ流出するので、それを打ち消すために中央銀行は大量の外貨売り・自国通貨買いの介入を実施しなくてはいけません。

　どこかで外貨準備が底をつき、中央銀行は金利を元に戻さざるを得なくなります。つまり、固定レート制では、特に小さな国にとっては金融政策の発動余地はほとんどないのです。

　例外があります。金利差が広がっても為替需給に大きな変化が起きなければいいわけです。それは、外国資産の売買に強い制限をかけること（国際資本移動規制）で可能になります。すると、固定レート制でも金融政策を実行することができます。

　要するに、固定された為替レート、自由な国際的資本移動、自律的な金融政策の発動、この3つのすべてを享受することはできず、どれか1つはあきらめざるを得ないということになります。これを**国際金融のトリレンマ**といいます。

**30秒でわかる！ ポイント**

## 国際金融のトリレンマのカラクリ

### ①為替レートの安定性

①＋②
資本移動規制

①＋③
固定レート制度

### ②独立の金融政策　　③自由な国際資本移動

②＋③
変動レート制度

①、②、③の３つ全てを享受することはできません。

## ▶06 | 固定レート制と 変動レート制の優劣

### 固定と変動、どちらがいい？

外国が自国からの輸出に保護主義的な貿易制限措置を発動したとします。輸出にブレーキがかかり、経常収支は悪化します。**変動レート制**では、為替需給が悪化（自国通貨売り、外貨購入の方向に変化）しますので、為替レートが自国通貨安に動きます。この為替レートの変化は、輸出に好影響を与え、貿易制限の影響を緩和します。

一方、**固定レート制**では為替レートは変化しないので、輸出の減少は景気を悪化させ徐々に物価は下がり始めます。物価が十分下がると、自国の製品の価格競争力が改善するため、輸出は回復して景気も元に戻っていきます。

結局、変動レート制下では為替レートが、固定レート制下では国内物価が調整され、いずれの場合も貿易制限措置の影響を相殺するように輸出部門の価格競争力が向上します。その意味では、どちらの制度でも結果に大差ないことがわかります。しかし、変動レート制における調整は為替レートが動けばいいのであまり時間がかかりません。他方、固定レートでは国内の様々な物価が下がっていかねばならないので、時間がかかるという欠点があります。

ただし、変動レート制も良いことばかりではありません。為替レートは資産価格ですので、バブルのような動きをして実体経済に悪影響を与える可能性があります。

30秒でわかる！ ポイント

## 自国製品の価格競争力の調整

$$\frac{円・ドルレート×外国のモノの価格（ドル）}{日本のモノの価格（円）}$$

|  | 変動レート制 | 固定レート制 |
|---|---|---|
| 調整のメカニズム | 円ドルレートが変動 | 国内物価が変動 |
| 調整のスピード | 速い | ゆっくり |
| 調整の方向、程度 | バブルのような余計な動きも | ― |

どちらの制度が望ましいかは、判断しづらい……。

## ▶01 財政支出、貨幣発行、インフレーション

### インフレを誘発するヘリコプターマネー

最近の日本は別として、歴史上、大量のマネー供給がインフレにつながった例は枚挙にいとまがありません。18世紀末のフランス革命時には戦費調達などのため、フランス政府は当初兌換性のあった借入を不換紙幣アッシニアに換え、大量に発行しました。このときのインフレでこの通貨の価値は数年の間に1／100以下（物価は100倍以上）になったといわれています。

政府がからんだマネー供給がインフレを起こすのは、政府がお金を使うからです。これを**ヘリコプターマネー**とよくいいますが、政府が財政支出を増大させたり、減税をしつつ、その際に必要となるお金（財源）を、国債を中央銀行に買わせることによって調達する（結果としてマネー供給が増える）ことを指します。

こうした行動は、財政支出を賄うだけの税収をあげることができない政府によく見られます。ただし、インフレになると貨幣や利子率が固定されている国債の保有者は損をします。つまり、政府は普通税の代わりにインフレ税を貨幣や国債保有者に課しています。

微妙に違う概念ですが、中央銀行が金利ゼロの貨幣を発行し、国債などで運用して得る利益を**貨幣発行益**といいます。これは政府に納付金として納められます。ヘリコプターマネーでは、収入増大のために、貨幣発行益を大幅に増やそうとするわけです。

30秒でわかる！ ポイント

## 現実のヘリコプターマネー

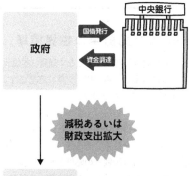

政府

国債発行 →

← 資金調達

中央銀行

↓

減税あるいは
財政支出拡大

景気物価上昇

## ▶02 | 金本位制とその崩壊

### 19世紀から20世紀前半の世界標準

　**金本位制**では、金を貨幣制度の根幹をなす通貨（本位貨幣）と定め、紙幣を発行する場合にも金と一定比率で交換に応じます。参加国同士は金を通じた固定レート制になります。この制度下での金融政策は、金との交換レート（平価）の維持に主眼が置かれます。

　金は貨幣として古くから利用されてきましたが、19世紀前半のイギリスで初めて法的な根拠を持ち、その後ヨーロッパを中心に多くの国に広がりました。日本も日清戦争の賠償金を得て本格的に参加しましたが、各国とも戦費を紙幣で調達するため第1次世界大戦を機に離脱しています。

　1919年の米国を皮切りに金本位制に復帰する動きが続きます。日本も1930年に旧平価で復帰し、不況となります。戦争中にインフレになったのに、旧平価で復帰したために通貨切り上げと同じ効果が生じたのです。このときは日露戦争時にポンド建てで行った大量の借入の借り換え直前だったことも影響しました。国際資本市場から信頼されるには金本位制を守る必要があったのです。また、平価を切り下げると、円ベースでは既存債務の負担が大きく増えてしまいます。ここが外貨建てで借金をする際の重要な留意点です。

　その後、大恐慌が世界を襲う中で再び各国は金本位制から離脱していきます。通貨を安くして景気を良くする狙いもあったわけですが、為替レートの切り下げ競争的な面もありました。

## 30秒でわかる！ ポイント

### 金本位制とは？

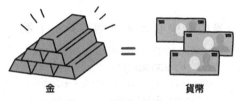

金　＝　貨幣

一定比率でのみ
交換が可能

・金の供給が限られているのでインフレになりにくい
・同じ理由で不況対策などの政策を打ちにくい

# ▶03 | ブレトンウッズ体制と その崩壊

## 戦後の米国を中心とする固定レート制

第2次世界大戦後、IMF（国際通貨基金）と共に誕生した国際通貨体制は、**ブレトンウッズ体制**と呼ばれます。各国は米ドルに対して為替レートを固定すると同時に、米国は金1オンス＝35ドルのレートを守るという**間接的な金本位制**でした。戦間期の通貨切り下げ競争が当時の政治経済情勢を悪化させたという反省から固定レートへの復帰が決まり、その維持を容易にするために国際資本移動に各国が厳しい制限をかけることが容認されたのです。このため、各国は固定レートにもかかわらず、自国の景気などに注目した金融政策運営が可能となりました（15章05節参照）。

しかし、この体制はその中心国米国のマクロ政策が規律を欠いたことから、1970年代前半に崩壊、主要国同士は変動レート制に移行します。米国が金に対するドルのレートを切り下げざるを得ないだろうという（ドル売り金買い）投機に抗しきれなくなったからです。金本位制の崩壊もそうですが、中心になる国の政策が規律を欠くと国際通貨体制は動揺せざるを得ません。

1960年代に、まだ金・ドルだけでは国際的な流動性が不足するという認識から**SDR（特別引き出し権）**という仕組みがIMFにおいて作られました。SDRは、必要なときに他通貨を借りられる権利で、出資に応じて割り当てられます。

**30秒でわかる！ポイント**

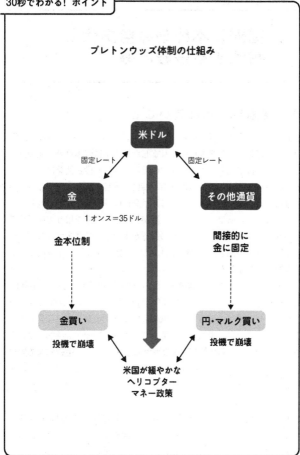

ブレトンウッズ体制の仕組み

米ドル

固定レート　　　　　　固定レート

金　　　　　　　　その他通貨

1オンス＝35ドル　　　　　　　　間接的に
　　　　　　　　　　　　　　　　金に固定

金本位制

金買い　　　　　　　　円・マルク買い

投機で崩壊　　　　　　　　投機で崩壊

米国が緩やかな
ヘリコプター
マネー政策

▶04 国際資本移動の自由化と
頻発する金融危機

## 資本移動自由化は良いこと？

　主要国が変動レート制に移行すると、（固定レートを守るための）国際資本移動規制の必要性は薄れました。徐々に資本移動は発展途上国を含めて自由化され、ベルリンの壁崩壊後は一段と活発になっています。金融の基本的な機能のうち、特に2番目の資金の貸借と3番目の分散投資、ないしリスク変換は、活発に国境を越えて行われるようになりました。結果として、途上国が外国からお金を借りて成長するというパターンや、ヨーロッパの銀行が米国市場で資金調達し、これを米国の証券化商品（17章03節）などに投資するという複雑なリスク変換も進みました。

　他方で、1980年代から90年代にかけての中南米経済危機、1990年代半ば過ぎのアジア通貨危機、LTCM破たん危機、2000年代に入ってからのリーマン・ショック、欧州危機など、金融危機は頻発しています。右グラフは、米国のオブストフェルト教授他が直感的に描いた過去100年以上の**国際資本移動の程度**のイメージと、**金融危機の頻度**のグラフです。**両者の相関はきわめて高い**といわざるを得ません。金融危機が頻発した19世紀末から20世紀はじめ、そしてごく最近と、資本移動の程度が高まった時期と重なっています。

　金融自由化は金融危機を招くのか……。金融自由化が良い結果をもたらすためには、金融監督や金融政策を含めてよいインフラが伴う必要があります。これについては次章以降、検討しましょう。

30秒でわかる! ポイント

### 国際資本移動と金融危機の関係

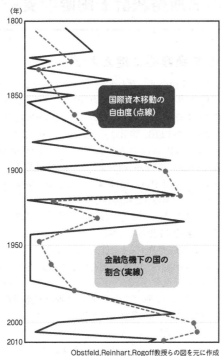

Obstfeld,Reinhart,Rogoff教授らの図を元に作成

▶05 | 補論：
国民所得統計と国際収支統計

## 経営収支を複眼的に捉えよう

国際収支統計と国民所得統計の基礎を押さえておきましょう。まず、自国の財・サービスに対する需要供給のバランスです。財・サービス全体の供給量を **GDP** といいます。これに対し、需要は、**消費、（設備や住宅）投資、政府支出、輸出**です。ただし、これらには外国の財・サービスに対する需要も含まれるので、引き算して、①式のようになります。輸出―輸入に外国からのネットの利子・配当収入を加えたものが**経常収支**です（GDP は GNP に変わりますが、煩雑なので区別せずにおきます）。経常収支は総需要の一項目です。

②式のように書き換えると、国民が作ったもの（GDP）を全部使わなければ、**経常黒字**が出ることがわかります。

政府税収をからめて整理すると、③式のようになり、さらに④式とすると、民間か政府の貯蓄が投資を超過していれば、経常黒字となることが判明します。

経常黒字で発生する外貨の供給は、**ネットの外国資産購入（あるいは外国への貸付）による外貨需要**で吸収されねばなりません。後者のネットの金額を**金融収支**と呼びます。⑤式です。④、⑤式を合わせれば、貯蓄超過の国は、金融収支が黒字、つまり余った貯蓄を外国に貸し付けています。（符号を逆にして）投資超過、例えば、財政が赤字の国は外国から借金していることになります（⑥式）。

30秒でわかる! ポイント

## 経常収支(輸出−輸入)の<br>様々な見方

①
GDP＝消費＋投資＋財政支出＋輸出
　　　−輸入
　　　　（総需要の一部）

②
GDP−(消費＋投資＋財政支出)＝輸出−輸入
　　　　　　　　　　　　　　（生産−国民の総支出）

③
貯蓄
((GDP−消費−税)−投資)＋(税−財政支出)
＝輸出−輸入

④
民間部門の貯蓄超過＋政府部門の貯蓄超過
＝経常収支
　（経常収支黒字は貯蓄超過に対応）

⑤
経常収支＝金融収支＝(−資本収支)
　（経常黒字はネットの外国資産購入）

⑥
民間部門の投資超過＋政府部門の財政赤字
＝−金融収支
　（投資超過は外国からの借入でファイナンスされる）

17 金融危機

▶01 途上国における通貨・経済危機

## 1980年代にメキシコを襲った危機とは？

　ブレトンウッズ体制崩壊後も、固定レート制を採用している国の財政金融政策が規律を欠いて通貨・経済危機に陥ったケースは多く見られます。例えば、1970年代後半から80年代前半にかけてのメキシコです。産油国メキシコは70年代の石油価格上昇で収入を増やしましたが、それを上回る支出で財政赤字が膨らみ、経常収支も赤字化。ただ、ちょうど国際的に資本移動規制が緩和され、海外からの資金がこれをファイナンスしました（前節⑥式）。財政赤字の一部は、金融緩和政策でもファイナンスされ、インフレ率は恒常的に高く、経常収支をさらに悪化させる要因となりました。

　その後、米国の強力な金融引き締め政策がドル高、世界景気の悪化をもたらしました（13章05節）。メキシコの債務はドル建てなので、ドル高で債務の実質負担が急増、為替需給の悪化の中での固定レートを守るための介入で外貨準備は底をつき、メキシコは**債務返済を放棄（デフォルト）**するとともに、固定レートを放棄せざるをえなくなったのです。これは、債務危機の根底に財政赤字やインフレがある、また、途上国にとっては米国の金融引き締めが困難の原因になることが多いという典型例です。危機の影響で、メキシコなどの途上国に貸出を実行した米国を中心とする金融機関に損害が波及し、解決には10年近くを要しました。資本移動規制の緩和が危機の発生と重なった例にもなっています。

30秒でわかる！ ポイント

## メキシコのデフォルト

財政収支と経常収支の赤字化に悩まされるメキシコだったが、
外国から資金が流入

資金

資金

財政赤字と
経常収支赤字

資金

資金

インフレにより自国製品の価格競争力が低下し、
経常収支はさらに悪化

米国の引き締めによる金利上昇で利払い上昇、ド
ル高で債務負担も急増する中、固定レートを維持
するための外貨が不足

結果としてデフォルトに陥り、固定レートを放棄

## ▶02 途上国における通貨・経済危機（自己実現的期待）

## 途上国で見られる取り付けに似た動き

前節の例では、海外から途上国への新規流入がストップしたのですが、途上国のバランスシート全体に対して取り付けのような動きが起こるパターンもあります。1990年代半ばから後半の**メキシコ危機**、**アジア通貨危機**です。こちらのケースでは国内財政政策については大きな問題がなかったためか、改善しつつありました。

途上国の多くは、自国通貨の信用が不十分で海外通貨建てでないと借金ができません（原罪といいます）。借入は、自国通貨に換えられた後、設備や住宅投資に回されます。もしも、外貨準備高が海外からの（特に短期の）借金を下回れば、貸し手が返済を迫ったときに、その国には十分な外貨流動性がなく返済不能に陥ります。さらに悪いことには、この国が固定レート制を放棄して通貨が弱くなると、借金は（自国通貨建てでは）大幅に増えます。こうした危機には、銀行取り付けに似て、他者が資金を引き揚げるという予想そのものが危機を起こしてしまうという自己実現的な面があります（5章01節）。

タイを始めとするアジア各国がこのパターンで1997年から98年にかけて危機を経験しました。この時、IMFは危機の原因を見誤り、適切に行動することができませんでした。1994年にアメリカが金融を引き締め始めたことが資金引き揚げにつながったことは他の危機と同様です。

## 30秒でわかる! ポイント

### 活発化した資本移動と国家からの資金引き揚げ

外貨建てで借金をする途上国

借金 借金

途上国

借金 借金

債務が積み上がる中、外貨準備高が短期の借金を下回り、返済不能リスクが高まる

危機感を覚えた外国投資家が資金を一気に引き揚げるだろうとの予想がさらなる不安を煽り、実際に資金引き揚げが起きて危機が発生

その後、固定レート制を維持できなくなり、自国通貨の価値が急落。借金が一気に膨らむ

## ▶03 | 証券化

## 米国発の"リスク変換"

　**証券化**とは、銀行が貸出を実行（オリジネート）し、それを多数まとめることによって発生する利子収入を様々なリスク・リターンの証券に分割して投資家に販売することです。米国の銀行がまず始め、1980年代後半から急速に進展してきました。

　もちろん、貸出を多数組み合わせることでリスクを減らすことはできます。しかし、証券化では、これをさらにリスクの低い部分と高い部分に再構築します。例えば、住宅ローンを多数集めた上で、低利率ながら優先的に元の住宅ローンからの利息を支払うという約束を付与した証券と、残りの利息を全部受け取れる証券とに分けます。前者は優先ないしシニア部分、後者は劣後ないしジュニア、もしくはエクイティ部分と呼ばれ、ハイリスク・ハイリターンです。

　このように分割することによって、それぞれのリスク特性に応じた投資家に販売することが可能となります。例えば、シニア部分は貸出機会の少ない地方銀行に、エクイティ部分はヘッジファンドにといった具合です。

　証券化発展のもう1つの原因は**金融規制**です。自己資本比率規制の導入によって貸出を保有し続けると、銀行はそれに自己資本を割り当てる必要が高まりました。そこで、貸出を実行しつつ、それをすぐ売却し、自己資本負担を軽減させる動きが盛んになったのです。

30秒でわかる！ ポイント

## 証券化のイメージ

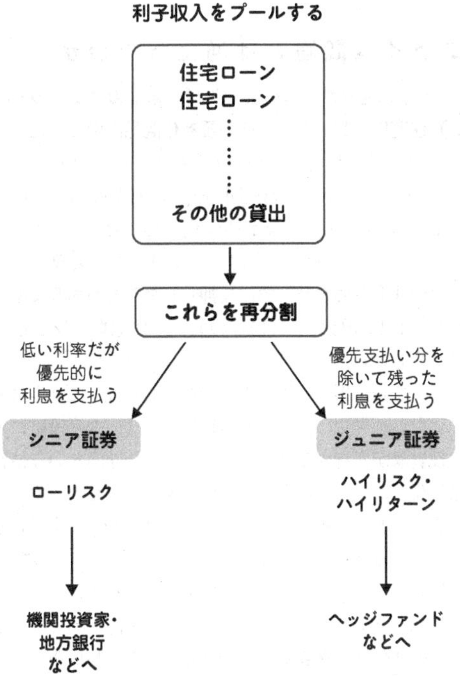

利子収入をプールする

> 住宅ローン
> 住宅ローン
> ：
> その他の貸出

↓

**これらを再分割**

低い利率だが
優先的に
利息を支払う

優先支払い分を
除いて残った
利息を支払う

**シニア証券**

**ジュニア証券**

ローリスク

ハイリスク・
ハイリターン

↓

↓

**機関投資家・
地方銀行
などへ**

**ヘッジファンド
などへ**

# ▶04 2007〜09年の世界的金融危機

## サブプライム問題とは何だったのか？

2007〜09年に起きた危機の震源地は、**米国のサブプライム（信用度の低い）住宅ローン**、ないしその**証券化商品市場**でした。

マクロ的な背景としては、2000年前後のドットコム・バブルの崩壊に伴い、FEDを含む主要先進国の中央銀行が強力な金融緩和を実施、低金利によって住宅投資が活発化したこと、加えて米国では、1990年代から目立った所得分配の悪化に対する社会政策として、低所得層向けの住宅金融を政策的に後押ししたことがあります。こうして2000年代半ばにかけて（特に質の低い）住宅ローンが拡大、地価も急上昇しました。

住宅ローンを貸し出した銀行、その他の業者は、これを積極的に証券化しました。証券化は途中で他の貸出を交ぜつつ多段階に実施されたため、投資家が保有する証券の中身がわからないという情報の非対称性は深刻化し、後に投げ売りの規模を大きくしたのです。

さらに悪いことに、銀行は証券化するだけでなく、自己資本比率規制の甘いシニア証券を自行で保有したり、やはり規制の網をかいくぐって自行の実質子会社に証券化商品を保有させました。

2006年以降、金融引き締めもあって地価が下がり始めると、証券化商品、その他のリスク資産には投げ売りが広がり、銀行も影響を受けて、**市場発の大金融危機**となったわけです。

30秒でわかる！ ポイント

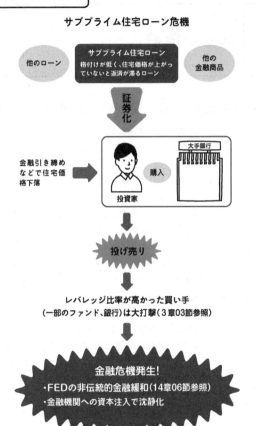

## サブプライム住宅ローン危機

他のローン

**サブプライム住宅ローン**
格付けが低く、住宅価格が上がっていないと返済が滞るローン

他の金融商品

証券化

大手銀行

金融引き締めなどで住宅価格下落 →

購入

投資家

投げ売り

**レバレッジ比率が高かった買い手**
（一部のファンド、銀行）は大打撃（3章03節参照）

**金融危機発生！**
・FEDの非伝統的金融緩和（14章06節参照）
・金融機関への資本注入で沈静化

# ▶05 ユーロ危機

## 南欧を中心に苦境に陥った欧州経済

2010年、ギリシャの問題を発端にヨーロッパが危機に巻き込まれました。ギリシャ固有の問題もありましたが、何といっても発生した問題の解決にとって共通通貨ユーロが制約となったのです。

ギリシャは他の諸国に遅れて2004年に共通通貨ユーロを導入します。共通通貨ユーロ採用の条件の1つは財政赤字GDP比が3％以内ということです。財政赤字が大きいとインフレなどから固定レートを守れなくなる可能性が高いからです。当初、財政赤字はGDPの3.7％だといわれていましたが、実は12.5％であったことが2009年から10年にかけて発覚。ギリシャ国債は暴落します。やはり大幅な財政赤字や大量の国債発行残高を抱えていたスペイン、イタリア、ポルトガルなどの国債売りに波及、地価が下落に転じたこともあり、特に南欧中心に欧州経済は苦境に陥りました。

ギリシャ同様深刻な財政問題を今のところ抱えている日本ですが、日銀が買い支えているため国債の暴落は起こっていません。ところが、欧州中央銀行（ECB）は、一部のユーロ加盟国の規律を欠いた財政政策の尻拭いをする形での国債購入に消極的でした。しかし、危機がユーロ圏に広く波及する中で、2012年夏にドラギECB総裁が「通貨ユーロを守るためなら何でもする（＝大量の国債購入も辞さない）」と発言、ようやく危機は沈静化に向かいました。

30秒でわかる！ ポイント

ギリシャ発の金融危機

EU加盟国に対するユーロ採用の条件

財政赤字GDP比が3％以内

ところが、2009年から10年にかけて、
ギリシャの財政赤字が12.5％で
あることが発覚

ギリシャ国債が暴落、イタリア、スペイン、ポルトガル国債の
投げ売りにも波及し、ユーロ危機発生！

2012年夏に、ECBが何としてでも
ユーロを堅持する方針を示し、危機は沈静化

## ▶06 補論： ヨーロッパは最適通貨圏か

### 金融政策の自由度を持たないユーロ参加国

　ユーロ危機を深刻にしたもう1つの理由は、ユーロが固定レート制だということです。通常の固定レートでは選択肢である平価の切り下げを排除しています。もちろん、ユーロを脱退すれば、切り下げが可能になりますが、少なくとも当初はそうした考えは参加国の念頭にはなかったことでしょう。

　ギリシャ危機の際、通常の固定レート制であれば、ギリシャは平価を切り下げるか変動レート制に移行し、弱くなった通貨が（輸出を刺激して）経済を回復させる効果に期待したことでしょう。しかし、ユーロ圏全域で通貨は1つとなり、各国には金融政策の自由度はありません。通貨を弱くすることも金利を下げて経済を刺激することも、売られた国債を買うこともできません（15章05節参照）。

　ただし、不況に陥った南欧諸国から相対的に好景気のドイツなどに労働者が移動できる、あるいは不況諸国のためにその他の国が拡張的財政政策を実行することができれば、問題は緩和されたはずです。より一般にこうした柔軟性がある国同士が通貨を同じにするとうまくいく（**最適通貨圏**）と考えられます。その意味ではユーロ圏は最適通貨圏ではない可能性がかなりあるといえましょう。

　それでも不況が深刻化した国では物価・賃金が下がり、ドイツに対して徐々に価格競争力を回復するという調整が起こりました。

**30秒でわかる！ ポイント**

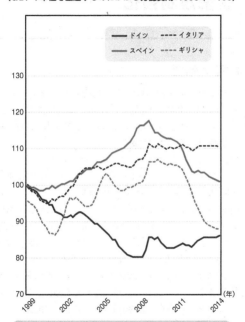

## ユーロ諸国の単位労働費用
### （GDP 1 単位を生産するのにかかる労働費用：1999年＝100）

ドイツに比べて上昇した南欧諸国の生産コスト
は、国内の賃金引き下げなどでようやく下落。為替
レートが動けば、もっと早く調整されたはずです
（15章06節参照）。

## 18 金融危機後の金融規制監督政策

▶ 01 ┃ 金融規制強化

## 金融危機が転機

2008〜10年の世界金融危機は、BIS規制を含むそれまでの金融危機対応策だけでは、金融危機を防ぐにも発生した危機を鎮めるにも不十分だということがわかりました。このため、関係当局は様々な次元で「**金融規制強化**」を進めつつあります。

規制強化の大まかな柱は以下のような点です。

第一に、一部の銀行の自己資本不足が目立ったので、規制上の最低限自己資本比率を引き上げたり、その中身を強化すること。第二に、銀行は規制の網をかいくぐってリスクの高いディーリング業務に手を出していたので、これに対する反省から、銀行の業務内容を制限しようという動き。第三に、やはり今回の危機で目立った流動性調達難に対応し、平時から流動性の高い資産を多く保有させようという動き。第四に、個々の金融機関としては健全とみられる状態にあっても、多くの金融機関がきわめて類似の行動をしているために、金融システム全体としてはリスクが高く、改善が不可欠。これらに配慮した政策アプローチを**マクロ・プルーデンス的な視点**といいます。

その他、今回の危機は直接には**銀行の外（シャドーバンク）**から起こりました。それに対する監視も強めるべきだとの認識が高まっています。

**30秒でわかる！ ポイント**

## 規制強化の４本の柱

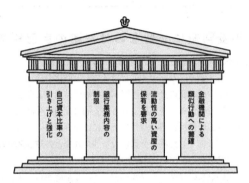

これにより金融システムが安定化するかどうかは
まだ不明。

# ▶02 | バーゼルⅢ

## 金融不安回避に必要なのは良質の自己資本

自己資本比率規制関連の新しい動きは**バーゼルⅢ**（バーゼルⅠは1989年から導入済み、バーゼルⅡは導入中）と呼ばれます。

その柱の１つは、質の良い自己資本を多めに持たせようという観点です。例えば、優先株は普通株よりも優先的に配当を受け取れるのですが、その分、経営悪化時のバッファーにはなりにくい性格を持っています。そこでこうした部分を除いた普通株式などの**対リスク資産比率が現行の２％から4.5％に引き上げられた**のです。

また、広い意味のマクロ・プルーデンス的な配慮から、ストレス時には配当、役員報酬などに回してよいものの、平時はリスク資産の2.5％以上という**資本保全バッファー**も導入されつつあります。同様の配慮から、好況時には規制資本を増額させるという**カウンターシクリカル・バッファー**も導入される見込みです。さらには、金融システム全体に影響が大きいと判断される**大手金融機関向けの上乗せ規制**も導入される予定です。

以上は、各資産のリスク度合いを考慮した総資産対比での規制ですが、リスク度合いが正確に測れていない可能性も考慮し、単純な総資産に対して３％の自己資本を最低保有するという**レバレッジ規制**、資金流出に対する備えとして**中央銀行預け金、国債他流動性の高い資産を一定額保有せよとの規制**もあります。

30秒でわかる！ ポイント

### バーゼルⅢによる新たな規制
### （2027年初完全実施予定）

|  |
|---|
| 普通株などの比率の4.5％への引き上げ　リスク資産に対する |
| 資本保全バッファー　リスク資産の2.5％以上の |
| カウンターシクリカル・バッファー　好況時の規制資本を増額させる |
| 上乗せ規制　大手金融機関向けの |
| 求めるレバレッジ規制　単純総資産比3％の自己資本を |
| 一定額保有を求める規制　流動性の高い資産の |

これらの規制の結果、8％だった規制自己比率は最大で15.5％まで上昇。厳しすぎて金融仲介業務にブレーキがかかるのではという懸念も。

## ▶03 | ボルカー・ルール

## 銀行のディーリングに厳しい規制

銀行が直接、間接にリスクの高い証券化商品などへ大量の投資をしていたことが、2009～10年に発生した世界金融危機の一因となりました。

こうした行動にはっきりと制約をかけようというのが**ボルカー・ルール**です。これによれば、米国の銀行グループの関係会社は、（60日以内の）短期的な証券、派生商品取引を自己勘定で（お客さんの注文に基づかないで）行ってはいけません。またヘッジファンドなどへの投資は原則禁止とされ、2014年から施行されました。欧州でも類似の規制導入が検討されています。

金融規制の長い歴史を振り返ると、大恐慌時に銀行業務と証券業務が兼営されていたことが当時の金融危機を深刻なものにしたとの認識から、米国では両業務の兼営を禁止する**グラス・スティーガル法**が制定されました（1933年）。

その後、銀行業界からの働き掛けもあり、この法律は徐々に骨抜きにされ、90年代終わりにはほぼ実効性をなくしていたのです。このことが2007～09年の金融危機の一因になったといってもよいでしょう。

こうした規制緩和の動きを止め、銀行のディーリング業務に厳しい制約を課したのがボルカー・ルールです。

**30秒でわかる！ ポイント**

### ボルカー・ルールの概要

ルール1

米国の銀行グループの関係会社は、短期的な
証券、派生商品取引を自己勘定で行えない！
顧客の注文の取り継ぎ（マーケット・メイキ
ング）ならいいが、区別は微妙なことも

銀行のディーリングを禁止
することで、市場流動性が
低下するリスクも浮上

ルール2

同会社によるヘッジファンドなどへの投資
は原則禁止！

## ▶04 大きすぎてつぶせない問題

# Too Big To Fail

　5章05節でシステミック・リスクを避けるための工夫、例えば、預金保険制度は、預金者による銀行監視のインセンティブを失わせ、銀行をハイリスクの資産運用に向かわせるというモラルハザードを引き起こすかもしれないことを見ました。だからこそ預金保険がカバーする預金額は一定額までと定められています。

　ところが、1984年に、米国で大手銀行のコンティネンタル・イリノイの経営が破たんすると、金融当局はすべての預金および債券を保護しました。このために足りないお金は結局税金で賄われたわけです。

　ただし、株主はもちろんすべてを失いましたし、経営陣も退陣となりました。預金者たちは救済（ベイルアウト）されたわけですが、こうした措置の理由は大手銀行の破たんは直ちに金融システム全体の不安定化を招くだろうという懸念だったわけです。この懸念を**トゥー・ビッグ・トゥ・フェイル**といいます。

　当局が他の大手11行についても同様の取り扱いをすると議会で答弁したこともあり、トゥー・ビッグ・トゥ・フェイルは公約のように受け取られ、モラルハザードが悪化したと見られます。結果的に、大手金融機関は一段とリスクをとり、経営悪化のリスクは拡大、トゥー・ビッグ・トゥ・フェイル問題はさらに深刻化、その後の金融不安定化の大きな要因となった可能性があるといえるでしょう。

**30秒でわかる！ ポイント**

### 大きければ許される？

#### 大手行救済の仕組み

「Too Big To Fail」のため救済

さらなるリスクテイクという
モラルハザードへ？

▶05 ベイルイン

## トゥー・ビッグ・トゥ・フェイル問題は解決可能？

　金融当局側は、トゥー・ビッグ・トゥ・フェイル問題への対応策を真剣に検討してきました。そこで登場したのが、銀行破たん時に預金者保護に（預金保険をこえて）必要になる金額を、**銀行の株や債券保有者に負担させる（ベイルインする）という考え方**です。

　例えば、**CoCo 債（偶発転換社債）**という商品がすでに発行されています。これは銀行が苦境に陥ったときに、利払いを停止したり、元本削減、株式への転換を求めることができる債券です。また、この種の債券はバーゼルⅢの自己資本に組み入れ可能です。リスクを反映して金利も高く、投資家に人気の商品となっています。

　さらには、大手金融機関の発行する債券などの一部について、監督当局に元本削減、株式への転換の権限を付与しようという方向で議論が進んでいます。このような債券がたくさん発行されていれば、破たん処理コストを税金に頼ることなく済みますし、新しい銀行に業務を継承させるときの株主を作り出すこともできます。

　しかし、大きな問題は、金融機関の経営が少しでも悪化してくると、これらの債券価格は急落し、それがかえって破たんの引き金になってしまうというリスクです。2016年初めにドイツ銀行発行の CoCo 債についてそうした動きが垣間見られました。トゥー・ビッグ・トゥ・フェイル問題の満足のいく解決はまだ先のようです。

**30秒でわかる！ ポイント**

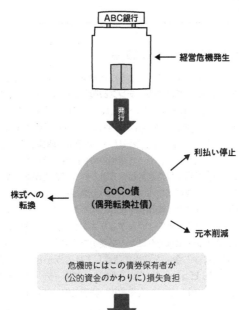

## CoCo債による損失負担

ABC銀行

← 経営危機発生

発行

CoCo債
（偶発転換社債）

株式への → 転換

利払い停止 ↗

元本削減 ↘

危機時にはこの債券保有者が
（公的資金のかわりに）損失負担

ハイリスクのため、
金利は高い

## ▶06 | 金融政策とプルーデンス政策

### 密接な関係がある両政策

本章でこれまで議論してきたような金融システムの安定性を確保するための諸政策は一般に**プルーデンス政策**と呼ばれ、通常の金融政策（13章）とは区別されます。しかし、最近の非伝統的金融政策のかなりの部分は金融システム安定化のために発動されています（14章06節）。プルーデンス政策と金融政策はかなり密接な関係があるのです。

やや違った論点として、もっと積極的に金融政策そのものにプルーデンス政策的な配慮を持たせてはどうかという考え方があります。歴史上、ほとんどの資産価格バブルは強い金融緩和環境で発生しています。低金利が、リスク資産投資を後押しするからです。バブルは破裂すると、金融システム不安につながるリスクを抱えています。そうであるなら、物価安定上はそれほどの必要がなくても、景気・資産価格の強い上昇時に少し金利を高めに誘導してはどうかという考え方です。これは **BIS ビュー**と呼ばれ、マクロ・プルーデンスの観点からの金融政策運営です。逆に、金融政策は物価安定に特化すべきだという立場は **FED ビュー**と呼ばれます。これらのネーミングは論争に参加した人たちの所属を反映していますが、最近では FED の金融政策もプルーデンス的な配慮をかなりしているように見えます。

**30秒でわかる！ ポイント**

## BISビューとFEDビュー

### BISビュー

景気・資産価格の強い上昇時にはプルーデンス的
な観点から金利を少し高めに設定すべき

‖

BIS（国際決済銀行）およびヨーロッパの中央銀行関係者に代表
される考え方

### FEDビュー

金融政策の主眼は物価安定に特化すべき

‖

FRB（米連邦準備制度理事会）および米国の主流経済学者に
代表される考え方

## ▶01 バブル崩壊とその後遺症

### 新しい波に乗り遅れた日本経済

　日本経済について「失われた20年」などの表現がよく使用されます。右グラフは1980年以降の東証株価指数の動きを示していますが、ここ約40年の日本経済の様相を象徴的に表しています。80年代に6倍以上になった株価は、90年から暴落して半分以下となり、その後、何度か反発しましたが、1800をはっきりと超えることはできていません。89年のピークには程遠い範囲を動いています。日本経済も停滞を抜け出せずにいます。

　バブルの最中に過大な不動産・株式投資に走った金融機関、企業は、バブル崩壊後傷んだバランスシートの修復に10年以上の時間をかけざるを得ませんでした。地価・株価の下落で保有資産の評価額、したがって自己資本が目減りし、これの回復には毎年の収益を少しずつ積み立てていくしかなかったのです。金融機関の場合は、このプロセスが不良債権の処理でした。金融機関への公的資金注入の必要性、合意形成に時間がかかり、傷口を広げてしまったことも調整を長引かせました。

　この間日本経済は新しい動きにチャレンジすることができなくなってしまったのです。他方、世界はベルリンの壁崩壊以降、新興国の経済成長を1つの核とするグローバル化の時代に入っていきます。日本経済はこの**新しい波に大きく乗り遅れてしまった**のです。

**30秒でわかる！ ポイント**

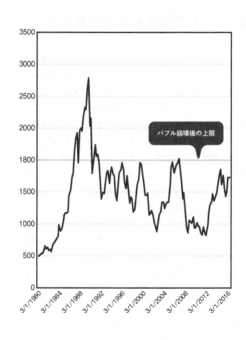

## ▶02 リスクマネーの欠如

### リスクテイクの促進とNISAの導入

　日本の金融システムについてしばしば指摘されるのが、健全な**リスクテイク**の態度（リスクマネーの供給）がしぼんでしまったということです。不良債権処理の間はやむを得なかった面があるのですが、それも2000年代半ばにはおおむね終了したと見られます。

　その後もリスクテイクが不調である理由はいくつかあります。1つは内外の金融規制強化の動きです。その結果、不良債権処理を終えた銀行は以前のようにはリスクをとれなくなっていたのです。

　家計の資産選択も保守的です。右のグラフは日米欧の家計の金融資産構成を示しています。日本の家計が、特に米国と比べて株式・投資信託などのリスク資産保有比率がきわめて低いことがわかります。もちろん、日本株が長期間低迷していることが一因ですが、外国株を買ってもよかったわけですから、原因はそれだけではありません。儲かる投資信託を家計向けに十分販売してこなかった資産運用業界の問題、家計の金融知識の不十分さなども指摘されています。

　そこで、政府は株や投資信託への小額投資に税制上の特典を与え、健全なリスク資産投資を促進しようとしています。NISA では120万円までの株・投資信託購入が5年間無税で可能ですし、2018年に創設された積立 NISA では年間40万円を20年間にわたって無税で投資信託に投資することができるようになりました。

30秒でわかる! ポイント

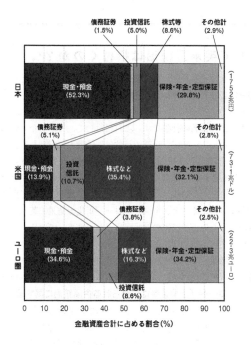

家計の金融資産構成

債務証券
(1.5%)　投資信託
(5.0%)　株式等
(8.6%)　その他計
(2.9%)

日本

現金・預金
(52.3%)

保険・年金・定型保証
(29.8%)

（1752兆円）

債務証券
(5.1%)　その他計
(2.8%)

米国

現金・預金
(13.9%)　投資
信託
(10.7%)　株式など
(35.4%)　保険・年金・定型保証
(32.1%)

（73・1兆ドル）

債務証券
(3.8%)　その他計
(2.5%)

ユーロ圏

現金・預金
(34.6%)　株式など
(16.3%)　保険・年金・定型保証
(34.2%)

投資信託
(8.6%)

（22・3兆ユーロ）

0　10　20　30　40　50　60　70　80　90　100

金融資産合計に占める割合(%)

出所:資金循環統計(日本銀行)

## ▶03 日本の企業ガバナンス

## はたして英米型統治は根付くのか？

　一般に企業のパフォーマンスを最大化するための経営の仕組みのことを**コーポレートガバナンス（企業統治）**といいます。

　英米では、企業パフォーマンスといえば、株価のことになるので、その最大化が経営者の仕事です。これに対して、日本の企業のあり方は大きく異なっています。企業の目的は株価最大化ではなく、コアの従業員（経営者はその一部）、金融機関、取引先などのステークホルダーの利益を総体として最大化することで、それは多くの場合企業成長を目指すことだと解釈されました。しかし、最近になって金融機関の力が弱まっていること、金融のグローバル化の結果、英米型の企業統治になじんだ海外投資家の株式保有比率が高まっていることなどから日本の企業統治にも変化が見られます。

　さらに、政府は英米型の企業統治に近いような**スチュワードシップ・コード（機関投資家による企業経営への関与）**や**コーポレートガバナンス・コード（上場企業に求められる企業統治に関する規範集）**の制定を後押しし、日本の企業統治を英米型に変換しようとしています。ただし、これに対する最大の障害は日本の正規労働者市場の硬直性とみられます。英米型企業では、環境の変化に伴って従業員の解雇は頻繁に発生します。それが容易でない日本企業に英米型統治が根付くかどうか予断を許しません。

30秒でわかる！ ポイント

## 日本と欧米の コーポレートガバナンスの違い

コーポレート
ガバナンス
（企業統治）

| 欧米 | 日本 |
|---|---|
| 株価の最大化を目指す | 従業員やステークホルダーにとっての利益の最大化を目指す |

海外投資家の株式保有比率が高まるにつれて次第に変化し、スチュワードシップ・コードやコーポレートガバナンス・コードが導入される。しかし、正規労働者市場の硬直性が最大の障害

## ▶04 達成に時間がかかっている インフレ目標

### インフレ率上昇の兆しはあるのか？

　日銀は様々な手段を講じてインフレ率を目標の２％に引き上げようとしています。これまでの日銀の政策がまったく効果をもたらさなかったわけではありません。2012年から15年にかけては強い金融緩和（およびその予想）が大幅な円安をもたらしましたし、全般的な低金利の下で一部の不動産投資は活発です。これもあって失業率は大きく低下、2017年時点では2.8％と23年ぶりの低水準にあります。しかし、インフレ率は目に見えて上がってきません。

　インフレ率と失業率の関係をグラフにしたものを**フィリップス・カーブ**といいます。右にあるように、この関係がここ二十数年ほどとてもフラットになっています。つまり、失業率が下がってもインフレ率が上がりにくくなっています。その理由の１つは、長い間現実のインフレ率がゼロ近辺であったため、期待インフレ率が低位で安定してしまっているからだと考えられています。期待インフレ率が低いと賃金も上がりにくく、物価上昇にも勢いがつきません。また、名目金利が低くても実質金利はあまり低くならず、低金利の総需要刺激効果も限定的になりがちです。

　ただ、期待インフレ率が未来永劫に動かないわけでもないでしょう。右図によれば、一段の失業率の低下があれば、そろそろインフレ率が上昇を始めるようにも見え、今後の動きが注目されます。

30秒でわかる！ ポイント

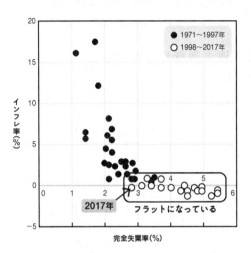

日本のフィリップス曲線

フィリップス・カーブはフィリップス曲線とも呼ばれ、イギリスの経済学者、アルバン・ウィリアム・フィリップスが1958年に発表しました。近年、先進国ではインフレ率は高まらないのに失業率が低下するという現象が起きており、従来の説明が当てはまらない傾向も見られます。

## ▶05 インフレ率上昇で表面化する 財政の維持可能性懸念

### 財政再建が急務になる!?

　近い将来、インフレ率が2%に到達すると、財政当局にとっては悩ましい事態になるリスクがあります。それは現在財政を助ける方向に働いている様々な日銀の緩和策が終焉を迎えるからです。

　2017年前半現在、発行された国債の4割程度を日銀が保有しています。この分に政府は利払いをしますが、それは日銀の政府への納付金という形で戻ってきます。つまり、利払いはしていないに等しいわけです。また、日銀の国債買いオペが国債金利を低水準に押し下げ、市場に存在する国債の利払い費も抑えられています。

　しかし、インフレ率が2%に達すれば、日銀は国債買いオペをやめるか大幅に減額せざるを得ません。金利は大幅に上がるでしょう。もちろん、インフレ率の上昇に等しい金利上昇であれば、それによって財政は苦しくはなりません。しかし、長期的な姿が危ぶまれる日本の財政ですからリスクプレミアムが発生するかもしれません。

　また、日銀は金融引き締めを開始するために、保有国債を市場で売却するかもしれません。すると、実質的に消えていた国債が再出現して利払いを開始せねばなりません。ただし、インフレによって既発行の国債の実質価値は低下、その分政府が楽になります。しかし、上に述べた効果のほうがこれを凌駕するでしょう。つまり、インフレになると、**財政再建**を先送りすることはできなくなるのです。

30秒でわかる! ポイント

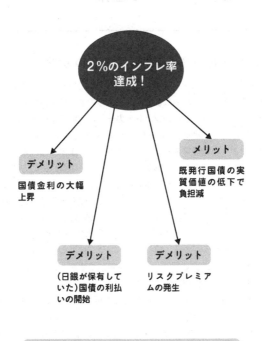

インフレ率が2%に到達すると
財政にとっては……

2%のインフレ率
達成!

**デメリット**

国債金利の大幅
上昇

**メリット**

既発行国債の実
質価値の低下で
負担減

**デメリット**

(日銀が保有して
いた)国債の利払
いの開始

**デメリット**

リスクプレミア
ムの発生

デメリットがメリットを凌駕するリスクがあり、
財政再建は待ったなしの状況に!

# ▶01 | 電子マネーの普及

## いつか現金は消滅してしまうのか？

IT技術の発達によって、新しい（あるいはそう見える）貨幣が続々登場しています。これらは金融の将来をどのように変えていく（いかない）のでしょうか。**クレジット・カード**の使い勝手は良くなりましたし、さらには**デビット・カード**なども普及し始めています。スイカ、エディのような**電子マネー**も盛んに使われています。これらの動きの本質の1つは、技術進歩の影響で小口の決済を現金以外の方法で済ませるコストが大きく低下しつつあることです。

しかし、現金の利用頻度は落ちるものの、既存の銀行預金に頼った技術です。典型例がデビット・カードです。現金は不要になりますが、決済のためにはカードが接続される銀行口座に十分な金額が必要です。他の電子マネーでは、銀行口座への依存はもう少し間接的、あるいは、現金から電子マネーへの入金も可能ですが、いずれにせよ現金や銀行口座の信認に依存しています。

こうした電子マネーがさらに普及して現金がなくなってしまうと、例えば金融政策は実行不可能になるのでしょうか。おそらくそうはなりません。いまでも大口の決済のほとんどは銀行間で行われ、日銀当座預金を利用します。つまりベースマネーに依存しています。この預金の量の調節、あるいは少なくともそこに支払われる金利の上下を通じて、金融政策は依然として実行可能と考えられます。

30秒でわかる! ポイント

## 現金や銀行口座残高の力は健在

**これらはすべて現金もしくは銀行口座の信認に依存**

ちなみに

キャッシュレス社会を目指す北欧では、交通機関、
一部の小売店で現金が使えなくなっており、ATM
のない銀行も増加中です。

▶02 ビットコイン

## 仮想通貨の強みとは？

ビットコインのような仮想通貨は、不換紙幣と同じように、それ自体に価値はなく、他人が受け入れるからという信頼があって流通します。通常の電子マネーと異なり、既存貨幣のシステムを経由しない独自のシステムでコインが流通しているため、これがどんどん普及すると、日本銀行の負債（現金や当座預金）が決済に使われなくなる可能性があり、日銀は金融政策を運営することができなくなります。

ビットコインの最大の特徴は、それを保有する人の取引に関する帳簿管理のシステムをまったく新しい考え方で作ったことです。日銀などの中央管理者に任せるのではなく、帳簿がネット上に公開され、システム参加者が自らのコンピュータで競争的にその帳簿の正しさを確認しつつ前に進むという巧妙な仕組みです。このため、**公開型の分散台帳（ブロックチェーン）**ともいわれます。

ビットコインはこのシステムの貨幣への応用例です。取引の正しさを承認した人に褒美として若干のビットコインが与えられるという工夫もあります（実はこれがコインの供給量を決めます）。分散型なので、1台当たりの計算負担は少ないため、コストが安く、また、基幹コンピュータに事故があれば、決済システム全体がストップしてしまう現在に比べ、事故などに強いシステムなのです。

**30秒でわかる！ポイント**

## 分散台帳（ブロックチェーン）システムの応用

### 現在の中央集権的システム

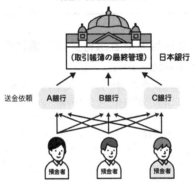

（取引帳簿の最終管理）　日本銀行

送金依頼　A銀行　B銀行　C銀行

預金者　預金者　預金者

### 分散台帳

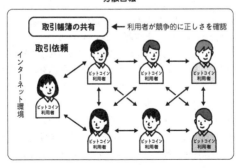

取引帳簿の共有　←　利用者が競争的に正しさを確認

取引依頼

ビットコイン利用者　ビットコイン利用者　ビットコイン利用者

ビットコイン利用者

ビットコイン利用者　ビットコイン利用者　ビットコイン利用者

インターネット環境

## ▶03 仮想通貨と金融の未来

### 世界各国の金融当局や金融機関が可能性を追求！

　情報の分散処理を基礎とするビットコイン、あるいは分散台帳は様々な応用の可能性を秘めています。この技術は中央集権的な情報処理を行う銀行、中央銀行の仕事のやり方の対極にあります。

　しかし、皮肉なことに世界中の中央銀行、民間の金融機関が競ってこの技術の応用可能性を探っています。例えば、中央銀行が仮想通貨を発行するというアイデアもあります。また、一部の限られた参加者の間で分散型システムをインターバンク取引、証券取引に応用してコストを下げられないかという実験が多く行われています。

　こうした動きの根底には、貨幣間の競争（1章04節）に物価の安定だけでなく、利用コストの削減という新しい次元が持ち込まれつつあることを示しています。だからこそ既存システムの供給者（中央銀行など）が競争に負けまいと真剣になっているのです。

　ただ、分散型処理では情報処理が重複して行われることによるコスト増大の問題があり、ビットコインもそれへの対応をめぐる対立から2つに分裂してしまいました（2017年8月）。それでも、新しい仮想通貨をネット上で投資家に販売して、新規プロジェクト用の資金調達をする（貨幣発行益の獲得、16章01節）という、ICO（新規通貨公開）などの動きも盛んです。中央銀行貨幣と仮想通貨の競争、棲み分け、あるいは後者に対する規制の動きなどから目が離せません。

**30秒でわかる! ポイント**

## 金融の将来像

### 応用の進む分散型システム

・仮想通貨

・金融資産の取引記録

・不動産、絵画、宝石などにも

### 中央銀行による仮想通貨発行?

・分散型の理念とやや矛盾

・生き残りをかけて中央銀行も必死

### 分散型のメリット・デメリット

・帳簿が分散化され、事故に強い

・皆が重複して計算するので
　計算コストアップ?

## おわりに

　いかがでしたか。金融は経済の中でも理論が発達している分野である一方、解明できていない部分も多く、両方の面で難しさを感じた読者も多かったかと思います。

　どちらも人間の行動の合理性と関係しています。金融は儲けに直結する話が多いので、関係者は合理的な行動という意味では、とことん頑張ります。それを反映した理論も難しくなりがちだったり、効率的市場仮説のように、皆が合理的であればあるほど儲けの余地は残らないというやや逆説的な真理になります。

　他方、完全には合理的になりきれない人間が投機を不安定化させたり、経済社会における情報の伝達が難しいことが貨幣の存在理由だったりします。しかも、合理性や市場の不完全性の程度はその時々で大きく変化します。貨幣についても、フィンテックの発展で、情報伝達のコスト、スピードが不連続的に変化しつつあるという点を最終章でお話ししたばかりです。

　勝手な言い分ですが、心を広く持って、合理性の軸も、非合理性や市場の不完全性の軸も両方念頭に置いて、本書も活用しつつ、今後の金融との関わりを乗り切っていっていただければ幸いです。

　金融政策やプルーデンス政策周辺ではかなり最新の話題まで本書で触れました。ファイナンスについては、やや技術的な面が強いため、やや進んだ話について、理屈を十分展開できず、結論だけ述べたところもあります。興味をお持ちいただけた読者は、多数あるより進んだ

教科書を紐解いていただければと思います。

　最後になりましたが、早稲田大学の小枝淳子さんには草稿の一部に有益なコメントをいただきました。また、本書の刊行にあたってKADOKAWAの田中伸治さん、編集者の野口孝行さんに大変お世話になりました。この場を借りてお礼を申し上げたく思います。

2017年7月

植田和男

# 文庫化に際して

　本書は2017年7月に刊行されました。版を重ねるとともに、2018年3月には図解版も発行され、このシリーズの他の書物ほどではないですが、私の書いた本の中ではかなり売れ、広い読者の方々の目に触れることになったのは喜ばしい限りです。

　本書は題名の通り、短い時間でさっと金融の基礎を身につけていただくために執筆しました。ビジネス上、ご自分の資産運用上、あるいは大学での授業、資格試験の準備等、様々な場面に登場する話題のかなりの部分を網羅していると思います。

　他方で、金融についてより深く考えていただくためのヒント、入り口の紹介的な記述も随所に配置しました。一度通読の後も、折に触れて手に取っていただき、興味ある部分を深堀りする一助にしていただければ幸いです。さらには、金融の専門家になった方々にとっても自分の専門の知識の整理、あるいは周辺の分野の知識の吸収にお使いいただけるかと思います。

　本書を通じて、やや神秘的な感もある金融分野が皆さんにとって身近になるとともに、神秘的な部分の魅力もお感じいただければ大変幸いです。

2020年2月

植田和男

本書は、二〇一七年七月に小社より刊行された単行本を加筆修正のうえ、文庫化したものです。

# 大学4年間の金融学が10時間でざっと学べる

## 植田和男

令和2年 2月25日 初版発行
令和6年 9月25日 8版発行

発行者●山下直久

発行●株式会社KADOKAWA
〒102-8177 東京都千代田区富士見2-13-3
電話 0570-002-301(ナビダイヤル)

角川文庫 22043

印刷所●株式会社KADOKAWA
製本所●株式会社KADOKAWA

表紙画●和田三造

●お問い合わせ
https://www.kadokawa.co.jp/（「お問い合わせ」へお進みください）
※内容によっては、お答えできない場合があります。
※サポートは日本国内のみとさせていただきます。
※Japanese text only

©Kazuo Ueda 2017, 2020  Printed in Japan
ISBN 978-4-04-604647-5  C0133